教育学のポイント・シリーズ

教育心理学

柴田 義松
宮坂 琇子
[編]

学 文 社

■執筆者■

＊柴田	義松	東京大学	［問題 1, 2, 4-7］
＊宮坂	琇子	東海大学	［問題 3, 8-18, 25-37, 42］
宮下	孝広	白百合女子大学	［問題 19-24, 38-41, 43, 44］
菊池けい子		旭出学園教育研究所	［問題 45, 49-51］
岩田	淳子	成蹊大学	［問題 46-48, 52］
牟田	悦子	成蹊大学	［問題 53-60］

（＊印は編者，執筆順）

まえがき

　本書は，教職教養として必要な教育心理学の基礎知識を身につけたい学生，とくに真剣に教員をめざして教員採用試験受験の準備に取り組んでいる学生が，単に知識を丸暗記するためではなく，問題解決に強くなる力をつけるのに役立つように書かれたものです。

　それと同時に，本書は，教育や教育心理学に幅広く関心をもち，教育現場に必要な教育心理学的知識や考え方を学びたいと思っている教育関係者や一般の人々にも参考となるように書かれています。

　今日，育児のあり方や教育環境の急速な変化が，子どもたちの発達や心理にも大きな影響を及ぼしており，教育心理学の果たす役割はますます重要になってくると思われます。一般心理学の一応用分野として成立した教育心理学は，従来，心理学的理論の応用的性格が強かったために体系的な内容になっていない，教育現場での問題解決に役立たないなどと，その不毛性が指摘されていましたが，近年，徐々に教育実践との結びつきを強め，現場の要求にも応えられるようになってきました。

　本書は，こうした最近の動向を含む教育心理学の基本的な知見を読者自身が整理しやすいように問題形式でまとめたものです。すなわち，読者が最初から順を追って系統的に学んでも，各人の必要や興味に応じて特定の問題を選んで学んでもよいように構成されています。

　教育心理学の分野には，発達や学習の基礎理論から障害児の心理と教育や学校カウンセリングまで，実に幅広い内容が含まれています。本書では各分野を専門的に研究し，大学で関連科目の授業を担当している者がそれらをできるだけわかりやすく解説するようにしました。本書をそれぞれの目的に応じた勉学のために，有効に活用していただければ幸いです。

編　者

目　次

第1章　教育心理学の意義と歴史 ―――――― 7

問題1　教育心理学の歴史，最近の研究動向　7
問題2　教育心理学の目的と役割　9
問題3　教育心理学の研究法　12

第2章　発達と教育 ―――――― 14

問題4　人間の発達を規定する要因　14
問題5　発達と教育との関係（初期学習，臨界期，レディネス）　17
問題6　ピアジェ，ヴィゴツキー，ブルーナーの発達理論　20
問題7　発達期の区分と各時期の特徴　23
問題8　ピアジェの発達段階論および各段階の主要な特徴　26
問題9　生涯発達論（エリクソンのライフサイクル論を中心に）　28
問題10　発達課題と教育　30
問題11　母子関係（アタッチメント，ホスピタリズム，マターナル・デプリヴェーション）　32
問題12　反抗期と自我の発達　34

第3章　学習理論と学習指導，情報機器 ―――――― 36

問題13　主要な学習理論　36
問題14　教授と学習の関係　39
問題15　学習の情報処理モデルと知識獲得理論　41
問題16　学習の動機づけ理論と動機づけの方法（外発的，内発的動機づけ）　43
問題17　効力感，無力感，達成動機　46
問題18　学習の効果（学習の転移，ピグマリオン効果）　48
問題19　教師主体の学習指導（プログラム学習，有意味受容学習）　50
問題20　生徒主体の学習指導
　　　　（発見学習，仮説実験授業，オープンシステム）　53

問題21　個人差に応じた指導の理論と方法
　　　　（ATI，個別化，習熟度別指導）　56
問題22　教育におけるコンピュータの活用　59
問題23　マルチメディア教育，遠隔教育の役割と方法　61
問題24　ティーム・ティーチングの意義と方法　63

第4章　学級と集団指導　──────────────65

問題25　人間形成の場としての学級集団の意義　65
問題26　集団行動の特徴　（リーダーシップ，集団凝集性，
　　　　集団モラール，集団思考）　67
問題27　学級内の交友関係の発達的変化　70
問題28　学級における教師と生徒の関係と教師の役割　72
問題29　対人関係測定法（行動観察法，ソシオメトリック・テスト，
　　　　ゲス・フー・テスト，グループ・ダイナミックス）　74

第5章　人格と適応　──────────────77

問題30　主要な人格理論（類型論と特性論）　77
問題31　性格形成の社会的・文化的要因
　　　　（親の養育態度，文化の型などの要因）　80
問題32　フロイトの性格構造論　83
問題33　欲求不満とコンフリクト，適応（防衛）機制　85
問題34　マズローの欲求の階層構造論　87
問題35　性格理解の方法（面接法，質問紙法，作業検査法，投影法）　89
問題36　不適応行動（非行，いじめ，暴力行為）　92
問題37　不登校，ひきこもり，スチューデント・アパシー　94

第6章　能力と教育評価　──────────────96

問題38　能力（知能，学力，創造性）　96
問題39　教育評価の意義と目的　99
問題40　教育評価の対象と方法　102
問題41　知能の因子と構造
　　　　（二因子説，多因子説，ギルフォードのモデル）　104
問題42　絶対評価，相対評価，個人内評価，それぞれの特徴　106

問題43　測定値の意味
　　　　（標準偏差，代表値，偏差値，知能指数，成就指数）　108
問題44　測定の信頼性と妥当性　110

第7章　学校カウンセリングと生徒指導，心理療法 ──────── 112

問題45　学校カウンセリングの意義と活動内容　112
問題46　カウンセリング・マインド　115
問題47　カウンセリングの方法としてのクライエント中心療法，指示法，
　　　　それぞれの特徴と活用法　117
問題48　カウンセリングの技法　119
問題49　学校カウンセリングにおけるスクールカウンセラーと
　　　　学級担任の役割，養護教諭の役割　122
問題50　生徒指導の意義，生徒指導と教育相談の関係　124
問題51　生徒指導の方法　126
問題52　代表的な心理療法　128

第8章　障害児の心理と教育 ──────────────────── 131

問題53　障害児の定義と判定基準　131
問題54　障害児教育の意義と方法　133
問題55　障害の種類とそれぞれの特徴　135
問題56　ノーマライゼーションの思想と特別なニーズ教育　138
問題57　障害のある子どもの学習指導の方法　141
問題58　重複障害児の特徴と指導　143
問題59　学習障害，ADHDの症状と指導　145
問題60　情緒障害児（自閉症を含む）の特徴と指導　147

第1章　教育心理学の意義と歴史

問題 1　教育心理学の歴史を概観し，最近の研究動向を説明せよ

欧米における教育心理学の歴史　教師の教育活動と子どもの学習活動を基本的対象とする心理学的研究としての教育心理学が成立するのは，一般に20世紀に入ってからのことである。ドイツの**モイマン**(Meumann, E.)は『実験教育学入門』(1907-14)を著し，教育研究を確実な科学的基礎の上に置くために心理学と教育学との結合をはかった。アメリカのソーンダイクは，教育測定や学習心理学を開拓し，モイマンとともに教育心理学創設の先達となった。彼の『教育心理学3巻』(1913-14)は，その後のアメリカ教育心理学発展の基となった。しかし，教育に関する諸事象を心理学的側面から研究することが20世紀になってはじめて開始されたというわけではない。教育心理学の前史ともいえる研究の試みは古くからある。19世紀の後半，心理学の研究に実験的方法を取り入れ，実験心理学を確立した**ヴント**(Wundt, W.)，質問紙法を使って小学校新入学児の知識差を調べ，「児童研究運動」を起こした**スタンレイ・ホール**(Hall, S.)，『遺伝と天才』(1869)等で遺伝と環境の影響に着目し，個人差を統計的に測定したりして差異心理学への道を開いた**ゴールトン**(Galton, F.)，精神分析学の創始者，**フロイト**(Freud, S.)，自分の子どもの出生後の克明な発達の記録を書き，児童観察法のモデルとなった**プライヤー**(Preyer, W.)の『児童の精神』(1882)などが後の教育心理学の研究に及ぼした影響は大きい。

20世紀の前半には，パヴロフ(Pavlov, I. P.)の条件反射学，アメリカのワトソン(Watson, J. B.)らの行動主義心理学，ドイツのウエルトハイマー，**ケーラー**(Köhler, W.)，**レヴィン**(Lewin, K.)等の**ゲシュタルト心理学**，知能テスト(ビネー式知能検査)の創始者ビネー(Binet, A.)，独自の臨床的方法で子どもの認知発達の研究に新しい展望を拓いた**ピアジェ**(Piaget, J.)の発達心理学等が形成されて，学習理論の発展にそれぞれ寄与するところがあったが，教育心理学

の研究が大きく発展したのは，何といっても第2次大戦後のことである。ピアジェの影響を受けて認知発達の理論や内発的動機づけの理論等を構築するとともに，ヴィゴツキー等のソビエト心理学のアメリカへの紹介に努めた**ブルーナー**(Bruner, J. S.)は，主著『教育の過程』(1961)等を通して教科の構造化，発見学習，螺旋型カリキュラム等を提唱し，教育心理学の発展に大きな役割を果たした。さらに，コンピュータ・シミュレーションにより知的活動の内的過程をモデル化する認知科学の発展は，教育工学という新しい分野を開拓した。他方，1929年の世界恐慌や戦後の混乱を機に目立ち始めた問題児童や青少年の神経症，学習障害等の障害児に対処する臨床心理学の研究が発展し，パーソナリティと適応の問題，精神衛生，生徒(生活)指導等の問題領域が教育心理学の重要な分野として大きく発展するようになった。

わが国における教育心理学の発展と課題　わが国の教育心理学は，他の多くの学問と同様，これら欧米の研究の紹介から始まった。1895(明治28)年にはプライヤーの『児童の精神』が翻訳され，ホールの影響を受けた医学者，心理学者，教育学者によって児童学会も同年に設立されている。大正末期にはアメリカの知能テスト・ブームが波及し，日本の児童版知能テストもつくられた。しかし，やはり戦後，教員養成制度が改められ大学で教育心理学，児童(青年)心理学を学ぶことが教員免許取得のための必須科目となったこともあって，教育心理学の研究は急速に発展した。ピアジェ，ブルーナー，ヴィゴツキー等の心理学もいち早く導入され，海外の関連学会との交流も深まるようになった。こうした教育心理学発展への期待が高まるとともに，他方では「教育心理学の不毛性」が問題とされるようになった。1960年代の経済高度成長を経て進学率が急上昇するなか，「落ちこぼれ」，不登校，いじめ，少年非行，三無主義など深刻な問題の続出が，このような不満を招いたのである。だが，これらの問題は心理学的知見だけで解決するものではない。教師を含め他の生理学，医学，社会学，教育学等の専門家との共同研究が不可欠であり，そのような方向での研究が進んできている。

[柴田]

参考文献　柴田義松・滝沢武久編著『発達と学習の心理』学文社，2002

問題2 教育心理学の目的と役割について述べよ

　教育心理学は，教育現象を心理学的に解明し，その成果を教育の改善に役立てることをめざす実践的性格の学問であるといわれている。ところで，教育学は，「科学」なのか，それとも「技術」なのかについての論議が古くからあるが，教育心理学についても，教育に関する精神技術なのか，それとも科学なのか，あるいは両者の関係をどのように理解したらよいかが問題となるだろう。

　ヘルバルトは，教育の目的を倫理学に，教育の方法を心理学に，理論的根拠を求めつつ教育学の体系化を試みた最初の学者として著名である。それを受け継いだヘルバルト学派のドイツ教育学者たちが，教育学を科学だといい，実際には「教育規則の体系」にすぎないものを科学法則の体系だとして，その普遍性を主張していることにきびしい批判を加えた**ウシンスキー**（1824-70）の議論が，この問題を考えるうえではきわめて示唆的なので，それを主に参考にしながら教育心理学の目的と役割について考えてみることにしよう。

　ウシンスキーは，「教育学は，科学ではない，技術である」と主張したが，他方では教育の科学にほかならない「教育（学）的人間学」の創造をはかり，両者の相互関係の解明にも努めている。彼は，従来のドイツ教育学は「狭い意味の教育学」，すなわち「教育規則の集合」であるが，このような「技術の理論」は，「科学の諸原理の集合」である「広い意味の教育学」に基礎をおかねばならないといい，それを**教育的人間学**と呼んだ。ベーコンの「自然を知ることによってのみわれわれは，自然を支配し，自然をしてわれわれの目的に応じた活動をなさしめることができる」の思想に従い，教育の対象としての人間を全面的に研究する科学のことなのである。この人間科学の広範な領域に属する科学として，彼は人間の解剖学，生理学，病理学，心理学，論理学，言語学，地理学，統計学，政治経済学，歴史学をあげている。教育学は，人間をこのようにしてあらゆる側面から「全面的に知らねばならない」というのがウシンスキーの主張であった。彼が，主著『教育の対象としての人間——教育的人

間学試論』(1868-69)のなかで示した教育に対する人間学的アプローチは，近代の分析的科学や技術の限界・破綻がしだいに明らかになるとともに，人間の全体性の回復，人間についての総合的研究の必要が叫ばれている今日，ますます重要な意味を獲得しつつあると私には思われる。

　他方で，ウシンスキーは，教育学をあらゆる技術のなかでも「もっとも広範で複雑な，もっとも高級の，もっとも必要な技術である」ともいう。教育学を科学でなく，あえて技術として彼が定義したのは，技術を科学よりもより高次の総合的能力を人間に求めるものと考えたからである。科学には理論(悟性)的一面性が許されるとしても，実践は常に全面的な配慮を必要とし，「実践的理性」が求められるというのである。

　ウシンスキーの考える教育的人間学は，人間科学と技術とを結びつけ，そのことによって教育技術を発展させると同時に，人間学そのものをも発展させるものであった。では，人間科学と教育的人間学とはどのように区別されるのだろう。いいかえれば，教育的人間学の対象とか方法の独自性はどこにあるのだろう。この問題は，心理学と異なる教育心理学の独自性を問うのと同じことだともいえよう。ウシンスキーは，この問題に直接に答えてはいないが，歴史学とか言語学などの基礎科学は，それ自体では，「教育の仕事に直接の利益を与えることはできない」といい，それらの専門家は，同時に教育学者であること，「すなわち，教育学的問題が，かれらの頭のなかでかれらのすべての研究に先行する」こと，そして「教育活動にもっとも重要な意義をもつ心理現象をできる限り正確に研究することを自らの課題」とせねばならないと述べている。

　この場合にウシンスキーが，研究の対象をつねに「教育現象」と呼ばずに，「心理現象」と呼んでいることに注意する必要がある。意識的・実践的活動によって生み出される教育現象は教育技術の対象であり，科学が対象とするのは，その基礎にある心理現象であるという区別が，ウシンスキーにはあった。だが，はたしてこの両者は，それほど明確に区別されうるものだろうか。

　「教育実践には心理学的観察のための広大な場がある」と彼はいい，次のように続けている。「教育者は，自分の生徒を，彼の才能，性向，長所や短所を研究したり，知能の発達を調べ，それを指導したり，意志を方向づけたり，悟

性を訓練し，理性を啓発したり，また怠惰・頑固さとたたかったり，生まれつきのよくない性向を取り除き，趣味を形成したり，真理への愛を吹き込んだりする——要するに，教育者は絶えず心理的現象と取り組んでいるのである。」

ここには，いわば教育活動以前の心理現象，つまり子どもの才能や性向とともに，明らかに教育活動のもとで変化し，発達する心理現象も含まれている。ウシンスキーはさらに，「現に使用されている，あるいはすでに使用された教育方法を根本的に検討したり，教育規則の基礎を理解するために心理現象についての科学的知識が必要であるだけでなく，心理学は，あれこれの教育方法によって得られた結果を評価するためにも，いいかえれば，教育経験の評価のためにも必要とされる」と述べている。こうしてみると，ウシンスキーは，実践的活動は科学研究の対象とはならないといいながら，実際には教育現象とか教育活動をも心理学研究の対象としていることがわかる。彼の主要な関心は，むしろこれらの教育現象をも「科学的方法」によって研究することにあったのだといえるだろう。なぜなら，「教育の問題においては，経験は，われわれがある方法とその結果だとわれわれが考えるもののあいだの心理学的関連を示し得る場合にのみ意義をもつもの」だからである。

「心理学が，解剖学・生理学・病理学と並んで立つことができないのはだれに責任があるのだろう？　医学も自分の要求によってこれらの科学を押し進めたのではないだろうか？　心理学・人間学・論理学に関しては，教育学に同じような責任があるのではないか？」とウシンスキーはいう。教育学の提出する要求によって心理学が発展するという思想が，このように明瞭に自覚されていたということは注目に価すると私には思われる。さらに彼が，教育心理学でなくて「教育的人間学」を選んだということも重要である。「教育学には，心理学だけでなく，他の多くの科学の結論が適用される」のだからである。［柴田］

参考文献　ウシンスキー（柴田義松訳）『教育的人間学』明治図書，1973

問題3　教育心理学の研究法について述べよ

　教育心理学は，人間が，学習し，発達していく現象や広い意味の教育が子どもに与える影響を心理学的に解明し，現実に起きている問題の解決や教育の改善に役立てることを目的とする経験的・実証的性格の強い学問である。教育心理学の研究対象には，発達と環境・教育との関係，教授-学習過程の分析，授業の方法，学級集団の構造，教育相談，教育評価，障害等々，発達や教育にかかわる幅広い分野が含まれる。したがって，それぞれの分野の特性と研究目的に応じた研究方法を必要とする。

　実験的方法　検討課題に関する仮説を設定し，その仮説を検証する目的で，一定の心理現象の成立にかかわっていると思われる諸条件を組織的に操作して（独立変数と呼ばれる），その結果（従属変数と呼ばれる）を観察，測定する方法である。

　たとえば，教授-学習過程のメカニズムの実験研究は，19世紀末に**ソーンダイク**(Thorndike, E. L.)に代表される学習心理学に始まった。当初，学習心理学は，一般心理学の応用科学として位置づけられていたので，教育問題の解決をめざすよりは，科学的検証に耐えられる実験をおこなうこと自体が重視された。今日でも，操作すべき変数と行動結果との関係を明確にしにくい複雑な人間の学習を対象とせず，単純な動物の行動や，機械的な刺激と反応の結合や無意味綴りの記銘などのような，実際の教室学習からかけ離れた簡単な課題についての実験室実験が少なくない。教育心理学が対象とする実験は，いかに困難であっても，教室における学習行動や人間の発達を明らかにするものでなければ，実際に有効な提案をおこなうことはできない。

　調査法と事例研究法（ケーススタディ）・臨床的方法　調査法は，多数の対象について，テストやアンケートなどを実施し，統計的手法によって一般的傾向を導き出そうとするものである。この方法は実験研究と比較して，条件統制されない自然のデータが得られるので，現実の心理現象をとらえることが容易

にできる。しかし，概括的な傾向が明らかにされる反面，個々の要因は，無視されやすい。

事例研究法とは，ある特定の事例に焦点を合わせて，綿密な分析や，働きかけとその過程・結果の考察を追跡的におこなうもので，一般的な結論を出すための情報を得たり，研究対象が抱えている問題の解決法を探る目的をもつ。臨床心理学的場面では，ある不登校児をその様態について調査し，特定の対処法（たとえば行動療法）による改善，変化を観察するといった研究法がよく活用される。また，ピアジェ（Piaget, J.）が自分の子どもやほかの子どもたちの思考の構造や内容を克明に観察し，認知発達の理論を築くために用いた「**臨床的方法**」も事例研究のひとつの型といえる。

なお，特に発達的変化に関する研究において，異なる発達段階にある被験者群を対象としておこなった実験や調査に基づいて一般的傾向をとらえようとする方法を「横断的方法」といい，同一の被験者群を一定の期間，継続的に研究する事例研究法を「縦断的方法」という。

実践的研究　これまで教育心理学は教育実践に役立たないという批判が少なくなかったが，近年，現実の教育実践を具体的に研究し，その成果を理論化して実践に役立てようとする試みも盛んになってきた。その研究法として，実践とその分析を重ねながら，目標の実現や教育実践の向上をめざす**アクション・リサーチ**（実践と研究の統合）が用いられることが多くなっている。授業の実践的研究は目的によって異なる。たとえば，優れた授業実践の研究をおこなうのは，優れた授業の法則を明らかにすることが目的である。また，多様な授業分析を通して授業技術の科学的な体系化をめざすことを目的とする研究や，知識習得のメカニズムや，習熟度別学習の効果など，特定の問題の探究を目的とした実践研究も増えつつある。　　　　　　　　　　　　　　　　　　　　［宮坂］

参考文献　南風原朝和・市川伸一・下山晴彦編『心理学研究法入門』東京大学出版会，2001

第2章　発達と教育

問題4　人間の発達を規定する要因は何か

　遺伝か環境か，成熟か学習か　人間の発達を規定する要因については，古くから遺伝による生得的素質の役割を重視する立場と，環境や教育の役割を重視する立場との間での長い論争がある。現在では，遺伝か環境かのどちらか一方が発達を決定的に規定するという考え方はなくなり，遺伝と環境との相互作用説を大部分がとるようになっているが，これら2つの要因がどのように関連するのかという問題については，なお多様な意見がみられる。

　遺伝的・生得的要因の役割を重視する「生得説」ないし「**成熟説**」では，人間の発達過程は，生まれながらにしてもっている生得的な素質が年齢とともに徐々に発現する過程だとみなされる。この説を支持する代表的心理学者，**ゲゼル**（Gesell, A.）によれば，子どもの行動の発達は，その萌芽が現れてから成熟するまで一定の成長曲線をたどる。これを「成長勾配」と呼んでいるが，この成長勾配を無視して，学習や練習をしても効果は薄い。学習が効果を発揮するのは素質的要因の成熟後であるという。このことを立証する事例として，彼が示したのは，生得的素質の等しい一卵性双生児に対する「階段のぼり」の訓練であった。双生児の一方には成熟前に，他方には成熟後にその訓練を行ったところ，成熟前のいわゆる早期教育には効果がないことが明らかになったのである。しかし，この事例そのものは，成熟説の意義を立証するとしても，主として身体の成熟度に依存するこの事例から，生得的要因の重要性を精神発達のすべてにまで拡張して論ずることには明らかに無理があるだろう。

　他方，環境や教育が子どもの発達を決定的に規定するという立場をもっとも鮮明に打ち出したのは，**ワトソン**（Watson, J. B.）に代表されるアメリカの行動主義心理学者たちである。ワトソンは，人間のあらゆる行動の発達が，パヴロフ（Pavlov, I. P.）の条件反射学説における刺激と反応によって説明できると考え，

経験や学習の役割を強調した。「私に1ダースの乳児と養育環境を与えてくだされば，その子たちを訓練して，どんな人間にも育ててみせましょう。医者にも弁護士にも，商人にも船長にも，そして乞食や泥棒にさえも」と主張したのである。良い環境と刺激を与えられた人間は，必ず良い人間に成長するといい，生得的・遺伝的なものは何ら関与しないというこの見解は，あまりにも楽観的な環境論とみなされている。

　発達を規定する要因を，生得的素質か環境かの二者択一的な仕方でとらえずに，両者の要因が同じように関与するという常識的な立場をとったのが，**シュテルン**(Stern, W.)の提起した**輻輳説**である。だが，この説では，本来異質な性格をもつ素質と環境が同一平面で働くととらえられ，発達に加算的に寄与するという。つまり，一方の要因が強く働くときには，他方の関与は相対的に小さくなるというように発達が静的にとらえられているという弱点がある。

　相互作用説　そこで現在では，遺伝と環境の両要因は，加算的関係ではなく，相乗的に連関するものであり，個体と環境との相互作用が発達を可能とする見方が支配的である。**ピアジェ**(Piaget, J.)は，従来の生得説，環境説，輻輳説のいずれもが，外部（環境や訓練）または内部（遺伝や成熟）からの作用を受身的に受け入れるだけで人間が発達していくとみなしていることを批判し，環境に対する個体の能動的な働きかけを特に重視した。個体が環境に能動的に働きかけ，それに対する環境からの反作用に応じて個体の働きかけが変化していくというダイナミックな相互作用の積み重ねを通して発達は進行するものだと説くのである。子どもは自らの能動的活動を通して発達する存在であることを強調したことは，現代の教育理論にも大きな影響を与えるものであった。

　ヴィゴツキーの文化的-歴史的発達理論　これに対し，**ヴィゴツキー**(Vygotsky, L. S.)は，人間の心理発達の基礎には，人間の実際的活動とともに言語的コミュニケーションがあると考え，言語の果たす役割を強調した。ヴィゴツキーが特に注目したのは道具の使用ということである。人間は，道具を媒介として環境にたちむかう。環境に対するこのような間接的関係こそが，人間の実際的活動と同時にその心理活動を動物の活動より区別する基本的要因なのである。ただし，労働用具そのものは，心理活動の構成要素となることはできない。

「精神的生産の道具」となるのは言語である。人間は，周囲の人々との言語的コミュニケーションの過程で社会の文化遺産を習得する。その結果，人間の心理過程の自然的メカニズムは根本的に改造され，本質的に社会的・文化的な人間の心理が形成され発達する。

このように説くヴィゴツキーの「**文化的－歴史的発達理論**」は，1980年代以降世界的にも大きな注目を浴びるようになった。ピアジェが子どもの心理研究において「教授的干渉」をできる限り排除しようとしたり，従来の伝統的心理学において子どもの発達が教育の結果としてよりも前提として考えられる傾向があったりしたのとは対照的にヴィゴツキーは，子どもの発達における教育の先導的役割を重視したのである。

このようなヴィゴツキーの発達理論は，2つの基本的仮説に基づいている。

第1に，人間を他の動物から区別する基本的特徴が，社会的・歴史的に形成されてきた道具をもって自然に立ち向かう生産労働にあるとの同じように，人間に特有な高次の精神活動はすべて精神的生産の道具を媒介としておこなわれるというものである。この道具となるのは，記号であり言語である。この道具は，人々の社会的共同活動のなかで歴史的に形成されてきたものである。それが個々人の精神活動の道具となるためには，この道具を習得する学習が必要である。

第2の仮説は，人間の内面的な精神過程は，外面的な「精神間的」活動から発生するというものである。つまり，人間に特有な高次の精神活動は，はじめは人々との共同活動のなかで発生する外的な精神間的過程であるが，それがやがて個々人の精神内的機能に転化するというのである。いいかえれば，あらゆる人間的な高次の精神活動が自然的に付与されたものではなく，まわりの人々との共同活動や学習のなかで身につくものだということである。　　［柴田］

参考文献　柴田義松・滝沢武久編著『発達と学習の心理』学文社，2002
　　　　　柴田義松『ヴィゴツキー入門』子どもの未来社，2006

第2章 発達と教育

 発達と教育との関係について，次の用語を含めて説明せよ
——初期学習，臨界期，レディネス

初期学習 子どもは生まれながらにしてかなり有能な存在であり，誕生以来自分に対し身辺の人や物から与えられるさまざまな刺激に能動的な反応をし，相互作用をおこなっている。従来は，この事実があまり注目されず，子どもは眼も見えず，耳も聞こえない状態で生まれてくると考えられていた。ところが研究が進むにつれ，実は出生後早くから子どもは母親の声と他の女性の声を聞き分けたり，においを区別したりすることがわかってきた。そして，乳児は，喜び，驚き，怒り，興味などを早くから表すし，声の調子や表情や手足の動作などを通して母親に働きかけ，母親からのさまざまな応答もひきだそうとしているのである。

こうした発達の初期，特に乳幼児期に与えられる特定の刺激作用は，その後の発達に大きな影響を及ぼす。「三つ子の魂百まで」というわけだが，発達初期の経験，つまり**初期学習**が重要な意義をもつことは，動物の生態の研究をしている比較行動学者たちによっても確認された。**ローレンツ**(Lorenz, K.) は，孵化後2，3日のヒヨコは，動くものがあると，その後を追いかけ，やがてその動くものを母親とみなすようになることを観察で確め，このような現象を「**刷り込み**」(**インプリンティング** imprinting) と名づけた。「刷り込み」は，動物（ヒトも含む）の行動形成の重要な仕組みの1つで，その言葉が意味するように，いったん形成された行動は，俗にいう本能のように機能するが，適切な開発刺激が与えられることによってはじめてその行動形成が自然におこなわれるという特徴がある。その適切な開発刺激と生得的な衝動および行動パターンとの結びつきがインプリンティングである。この初期学習の事実は，動物の発達において，その遺伝的・本能的なものが，時間の経過とともに自然に発現するというものではないことを示している。また，刺激（環境）が，発達のどの時期でも一様に一定の効果をもたらすものではないことも明らかにされた。

臨界期 ローレンツは，「刷り込み」のような行動形成は，個体の発達のご

く限られた時期にのみ生じることから、刺激や学習の効果が後の行動を決定的に規定する「**臨界期**」(critical period) があることを明らかにした。すなわち、この時期に形成された行動のパターンは、後々まで固定してしまい、その後の経験によって修正されることはほとんどないという。しかし、この臨界期は、下等動物では絶対的なものであるとしても、人間のような高等動物の場合、発達はより可塑的であって、その時期をのがせば学習効果がほとんど期待できないというほど絶対的に重要な時期がはたしてあるのか、疑問視されている。しかし、人間の発達の場合にも、言語学習や感性的経験、基本的性格の形成などで特に効果の高い時期、刺激に敏感な時期があるということが経験的にも確かめられているので、「臨界期」の代りに「**敏感期**」という用語を使ってその重要性を指摘する心理学者が多い。

　人間の初期経験の重要性について特に注目したのは**フロイト**(Freud, S.)で、自我機能の未熟な幼児期に体験した**心的外傷**は、無意識のなかに押し込められ、長期にわたってくすぶり続けて残る結果、それが成長後に問題行動となって現れることを明らかにした。これを受けて、フロイト派の発達心理学者たちは、発達初期に適切な経験を欠いたためにその発達に悪影響を及ぼした事例を多数報告している。たとえば、乳幼児期に母親（または母親に代る人）の愛情を受けることなく育った子どもは、情緒や社会性の発達が遅れるだけでなく、知的発達も言語発達も、さらには身体や運動機能の発達さえも遅滞や歪みを示す。「**ホスピタリズム**（施設病）」と呼ばれる症状がこれである。ホスピタリズムは、元来子どもが家庭から離れて、養護院や病院等の施設で長期間養育された場合に見られる症状につけられた名称であるが、実際には施設の中でなくても、この症状を示す子どもがいる。そこで最近の発達心理学では、人間の健常な発達の基礎が、母親への愛着の形成にあるという見地から、母子相互作用の重要性に強い関心が向けられている。ただし、一般に、誕生直後から生後6カ月頃までの母子分離は、子どもの発達や愛着の形成にほとんど影響を与えないのだが、その後は母性的養護に欠ける施設に収容されている期間が長いほど、発達の遅れや歪みに深刻さが増し、回復困難になると考えられている。

　　レディネス　レディネス (readiness) とは、ある学習を成功させるのに必要

な精神的・身体的諸条件が準備された状態のことである。読み書きのレディネスとか分数学習のレディネスというように個々の学習内容について問題とされることが多い。ある教育活動の効果は，学習者のレディネスと深く関係していると考えられている。しかし，レディネスと教育とがどのように関係しているのかについては，さまざまな見解がある。かつては，この概念を子どもの自然的成長あるいは成熟と結びつけてとらえる傾向が強かった。生後46週の一卵性双生児を使った「階段のぼり」の訓練による実験を通して学習における成熟の重要性を指摘して有名な**ゲゼル**(Gesell, A.)によれば，成熟を無視した早期の訓練は効果がないか，あるいは低く，教育の開始は，レディネスが自然に成立するのを待つべきであるという。

しかし，最近は，レディネスを構成する要因には成熟だけでなく，既有の知識や技能，態度などの経験的要因も含まれ，レディネス自体を教育によってつくり出す必要があるとする見解が強まっている。ロシアの**ヴィゴツキー**はその代表的論者で，教育は，子どもが独力で問題を解決できる水準である「現下の発達水準」に基づいておこなうべきではなく，「明日の発達水準」，すなわち教師（年長者たち）の援助や誘導によって達成される水準を目安にしておこなうべきであるとする「**発達の最近接領域**」説を提起し，発達を先回りする教育こそが有益であり，効果的だと主張した。

アメリカの**ブルーナー**が『教育の過程』(1961)で提起した仮説「どの教科でも，知的性格をそのままに保って，発達のどの段階のどの子どもにも効果的に教えることができる」もこのような考えに立って，新しい教材や教育方法の開発をめざそうとしたものである。　　　　　　　　　　　　　　　　［柴田］

参考文献
柴田義松・滝沢武久編著『発達と学習の心理』学文社，2002
ヴィゴツキー, L. S.（柴田義松訳）『思考と言語』新読書社，2001
柴田義松『ヴィゴツキー入門』子どもの未来社，2006

**問題6** ピアジェ，ヴィゴツキー，ブルーナーの発達理論について概説せよ

三者の発達研究の特徴 三者は，いずれも人間の発達を，認知構造が主体の能動的活動のなかでどのように変化するかということを中心に研究した認知心理学・発達心理学の代表的存在であり，フロイトと並んで20世紀の世界の心理学界にもっとも大きな影響を及ぼした偉大な理論家たちといえる。発達過程における言語や教育の役割に関する見方において互いにいくらかの相違があるが，現代の発達理論や教育改革に多大な影響を与え続けている。

ピアジェ ピアジェ (Piaget, J. 1896-1980) はスイス生まれの発達心理学者。生物学の研究から子どもの心理の研究に移ったピアジェは，独自の臨床的方法を開発し，伝統的心理学においては大人の思考と比較して子どもにないものに関心を寄せていたのに対し，子どもにある独自なものの発見に努めた。

ピアジェによれば，子どもの発達には成熟，感覚的経験，知識の伝達，均衡化といった要因があるが，とりわけ重要なのは均衡化の要因である。個体が環境内の矛盾した事柄や知識に出会って葛藤（不均衡）を感じたとき，その葛藤を解決し，統一性を求めようとする過程が「**均衡化**」である。この均衡化には，「**同化**」と「**調節**」という2つの働きが含まれる。この働きの基底にあって，同化と調節を方向づけている心的構造を「**シェマ**」という。子どもが持ちあわせているシェマに合わせて環境内の事柄や知識を取り込んだり理解する働きが同化であり，うまく同化できないときにシェマを修正し，現実に適応させる働きが調節である。

認識の発達は，同化と調節の絶えざる相互作用によって均衡を得ようとする過程である。その過程における認識構造の質的変化に注目して，ピアジェは，子どもの精神発達を，①感覚運動期，②前操作期，③具体的操作期，④形式的操作期の4段階に分けた。これらの段階に相当する子どもの年齢幅は，環境との相互関係によって多少の相違があるが，段階の出現順序は不変であるとしている。

ヴィゴツキー　ヴィゴツキー（Vygotsky, L. S. 1896-1934）はピアジェと同年生まれのロシアの心理学者で，ピアジェと同様に早熟の非凡な才能の持ち主であったが，37歳の若さで夭逝した。ヴィゴツキーの思考とことばの研究は，ピアジェの自己中心的ことばの研究を重要な足がかりとしているが，ピアジェの自己中心性概念がフロイトの快楽原理やブロイラーの自閉性概念に依拠していることを批判し，ピアジェの「自閉的思考と外言―自己中心的思考と自己中心的ことば―論理的思考と社会化されたことば」という発達図式に対して，ヴィゴツキーは「社会的ことば―自己中心的ことば―内言」という図式を対峙させた。

これは，子どもの思考とことばの発達が，個人的なものから社会化されたものへの運動ではなく，逆に社会的なものから個人的なものへと進むという対立の図式であり，ピアジェが子どもの心理研究において「教授的干渉」をできる限り排除しようとしたのに対して，ヴィゴツキーは子どもの精神発達を常に文化的・社会的環境と教育との深いかかわりのなかでとらえようとした。

このようなヴィゴツキーの**文化的-歴史的発達理論**は2つの仮説に基づいている。第1に，人間に特有な高次の心理過程は，「精神的生産の道具」としての言語を媒介として現実に立ち向かう間接的性格をもつというもの，第2に，このような間接的で内面的な精神過程は人間に生まれつき備わっているものではなく，外面的な「精神間的」共同活動から発生するものだという仮説である。従来の知能発達の研究においては，子どもが独力でおこなう問題解決のみを指標としていたのに対し，ヴィゴツキーはこうして集団のなかでの遊びや学習のなかでは子どもがより高い発達水準の問題もできるようになることに着目し，これら2つの発達水準の間を「**発達の最近接領域**」と呼んだ。この発達理論は，模倣とか共同学習の教育的意義の見直しを迫るものであり，教育は明日の発達水準に目を向け，まさに成熟せんとしつつある精神機能を呼び起こすものでなければならず，「発達を先回りし，自分の後に発達を従える教育のみが正しい」という教育理論がそこから導き出された。

ブルーナー（Bruner, J. S. 1915-）　現代アメリカの代表的な発達心理学者，教育心理学者。1960年代，科学教育現代化の時代に，教科の構造化や発見学習，

螺旋型カリキュラムなど，独創的な問題提起をおこない，国際的に著名となった。ヴィゴツキーの『思考と言語』の英訳書"Thought and language"(1962)に序文を書いたり，ヴィゴツキーの著作集全6巻の英訳版が80年代に出版されたときにも長いプロローグを寄せたりして，ヴィゴツキーなどソビエト心理学のアメリカへの紹介においても重要な役割を果たした。

　主著『教育の過程』(1961)のなかで**ブルーナー**が提起した「どの教科でも，知的性格をそのままに保って，発達のどの段階のどの子どもにも効果的に教えることができる」という有名な仮説は，子どもの発達における教育の先導的役割を認めるヴィゴツキーの「**発達の最近接領域**」の理論からの影響をうかがわせるものであるが，この仮説に基づく「**螺旋型カリキュラム**」の提案にはピアジェの認知発達論からの影響もあることを見逃すことはできない。

　ブルーナーによれば，認知の発達とは，環境からの情報を処理する表象機能の発達を意味する。認知発達の段階は，その表象作用の質的な変化によって構成される。すなわち，動作的表象，映像的表象，象徴的表象の段階を踏んで発達する。

　第1段階の子どもが，ひもで結び目をつくることができるのは，習慣化した動作のパターンによる。第2段階は，映像，イメージによる表象の時期で，対象の知覚的・表面的な特徴に依存した認識にとどまる。第3段階で，ようやく表面的でない複雑で本質的な特徴を，言語などの記号を手段として認識することが可能となる。しかし，この3つの水準は，子どもだけでなく大人にも存在し，相互に作用し合っている。ブルーナーはこのような発達論に基づいて，どんな概念でも子どもの発達水準にあった方法を使えば教えることが可能であるとして，発達を促す教育の必要を説いたのである。　　　　　　　［柴田］

参考文献　ボーデン，M. A.（波多野完治訳）『ピアジェ』岩波書店，1980
　　　　ヴィゴツキー，L. S.（柴田義松訳）『思考と言語』新読書社，2001
　　　　ブルーナー，J. S.（鈴木祥蔵・佐藤三郎訳）『教育の過程 新装版』岩波書店，1986

第2章 発達と教育

 発達期の区分と各時期の特徴について述べよ

子どもの発達の時期区分 新生児から成人に至るまでの子どもの発達過程をいくつかの時期ないし段階に分ける試みはこれまでにもさまざまな学説に基づいていろいろとなされてきた。

生物発生論の原理に基づき，子どもの個体発生は人類の系統発生を圧縮した形で繰り返すという系統発生反復説が主張されたことがある。人類史の基本的時代に照応させて子どもの発達の時期区分を行うもので，ヘルバルト学派の**ツィラー**が提唱した「**開化史的段階説**」はこの系統に属するものである。この段階説は子どもの発達過程そのものを分節化したものではないところに難点があるが，これに類するものとして子どもの発達段階を学校教育制度の区分に従って幼稚園時代，小学校時代，中学校時代などと分ける見方がある。学校教育の段階そのものが実践的・歴史的経験に基づいて分けられたものであるから，この時期区分には一定の根拠があるものといえよう。

子どもの発達の何か1つの客観的特徴に基づいて時期区分を行ったものとして，歯の出現や交代に注目した**ブロンスキー**の試みがある。歯の発達過程は，確かに明瞭な年齢的発達の指標となる。誕生後の児童期は，無歯期，乳歯期，永久歯期の3つの時期に分けられる。しかし，これも精神発達との確かな関連を付けがたい点に問題がある。これよりも有名なのは，精神分析学者**フロイト**たちの性的発達を主要な基準とする時期区分である。

フロイトによれば，子どもの発達の推進力は「**リビドー**」と呼ばれる性的エネルギーである。彼は，このリビドーが付着する身体部位（性感帯）の移動によって子どもの発達段階をとらえようとした。すなわち，①口唇期（誕生以来1歳半まで），②肛門期（1歳半から，3,4歳），男根期（3,4歳から6,7歳。この時期の子どもは，性器に関心を向け，性器に触れることに快感を覚える。同時に同性の親を憎み，異性の親を愛する無意識的感情「エディプス・コンプレックス」が形成されたりする），④潜伏期（この時期 11,12歳頃までは，リ

ビドーがどこにも付着せず，潜伏する。したがって，子どもは性的なものに関心を失ったかのように見える），⑤性器期（子どもの身体的成熟によりリビドーが再び活発に働き出す段階で，11,12歳を超える頃から始まる）。このようにある１つの指標でもって時期区分することには，いくらかの部分的合理性はある。しかし，性的成熟という基準は，思春期にとっては本質的で指標性をもってはいても，それ以前の年齢でそのような意義をもっていると認めるのは困難だろう。

　子どもの発達過程の心理学的区分としてより合理的な時期区分と考えられるのは，それぞれの年齢段階ではじめて発生し，子どもの意識，環境への態度，子どもの身体的・精神的生活，要するにその時期における子どもの発達の全過程を基本的に決定する新しいタイプの活動，心理的変化の出現・形成を指標とし，基準とするものである。ヴィゴツキー学派の心理学者たちは，子どもの心理発達における教育の役割を重視する**文化的-歴史的発達理論**の立場から，各発達段階における子どもの習得の基本的対象が，「人間」そのものと，「人間を取り巻く世界（自然・事物・文化・科学）」とに段階ごとに交互に交代するという次のような発達段階論を提起している。

　乳児期の発達　乳児期（０歳児）は，おとなとの直接的な情動的交わりが子どもの心理発達にきわめて重要な時期である。生後３カ月頃には親を確実に認知し，親が近寄ると笑みをうかべ，手足をばたつかせて喜びを表わす。このような情動的交わりが不足していると，その後の心理発達に悪い影響をもたらす。「できるだけ赤ちゃんとお話ししなさい。赤ちゃんと遊びなさい」という忠告がなされる所以である。

　幼児期（１-２歳児）の発達　幼児期には，人間よりも周囲の事物の世界への関心が高まり，事物の基本的な性質（形・色・長さ・重さ・用途など）を認知していく。ベッドに寝ながら，長い時間あきずに自分の小っちゃな指をみつめ，いじくっていたり，積み木と積み木をカチャカチャと狂ったように際限なく叩き合わせたりする。また，２歳になる頃には，「これ，なに？」という物の名前を尋ねる子どもからの始めての質問が繰り返し出されるようになり，子どもの語彙が急速に増えていく。

就学前期(3-6歳)の発達と遊び　この時期の子どもの主要な関心は，ふたたび人間に移る。おとなといわば対等になりたいという欲求が芽生え，ごっこ遊びの形でおとなの役割を演じてみようとする。このような遊びが，この時期の子どもに唯一可能で，かつ主導的な活動の形態であり，遊びを通して子どもは人間の諸関係や諸行為の意味を把握し，想像活動を発達させ，周囲の物事を習得していくのである。

学童期(6-11歳)の発達　この時期には，事物への関心，事物について知ることへの関心がふたたび前面に出てくる。小学校時代は，何よりも学習への意欲，あらゆることについてできる限りたくさん知りたいという欲求によって特徴づけられる。だから，学校で読書算をはじめさまざまな教科の基礎・基本を学び，身につけることは，主観的にも客観的にもきわめて重要なことになる。ことばの発達のうえでは，就学前にみられるいわゆる自己中心的ことば(**ピアジェ**)が内言へと転化し，語彙がますます増大するが，意味論的にはその大部分が**ヴィゴツキー**のいう生活的概念にとどまっている。しかし，小学校高学年には科学的・抽象的概念の学習がはじまり，論理的・概念的思考の形成が可能となってくる。

思春期(少年期)の発達　性的成熟のこの時期には，ふたたび人間への関心，異性への関心，人間を知ること，他人との間に親密な関係を打ち立てることがきわめて重要となる。それは「自分さがし」の時期でもあり，自分を他人と比較したりすることで自己分析・自己探究を深めようとする。それと同時に，学校での学習では，科学的概念の本格的習得が主要な課題となる。　　　　［柴田］

参考文献　柴田義松・滝沢武久編著『発達と学習の心理』学文社，2002
　　　　ヴィゴツキー，L.S.(柴田義松ほか訳)『新児童心理学講義』新読書社，2001
　　　　ヴィゴツキー，L.S.(柴田義松ほか訳)『思春期の心理学』新読書社，2004

問題8 ピアジェの発達段階論について説明し，各段階の主要な特徴を述べよ

ピアジェの発達段階論の特徴　ピアジェ（Piaget, J.）は，子どもが外界の対象をどのように認識し，その対象にどのように働きかけるかを詳細に観察する「**臨床的方法**」によって，独自の認知発達の理論を築いた。その発達理論によれば，人間の思考や問題解決の行動の発達は環境にうまく適応してゆこうとする過程である。認識の主体が外界の情報を取り込む情報処理の枠組み，すなわち認知構造は「**シェマ**」と呼ばれる。発達は，すでにもっているシェマで外的現実を解釈する「**同化**」と，それに適応できない状態（不均衡状態）になったときに，既存のシェマを変える「**調節**」との相互作用を通して，均衡状態を得ようとする過程である。ピアジェは，シェマが大きく変化する変わり目に基づいて，認知発達を4つの主要な段階に分けた。ここに示した年齢は平均的なものにすぎないが，段階の順序は一定である。

①**感覚運動期**（約2歳まで），②**前操作期**（約2-7歳），③**具体的操作期**（約7-11歳），④**形式的操作期**（11歳以上）

　発達の第1段階（感覚運動期）　生まれたての子どもは生得的な反射行動によって環境に適応するが，やがて感覚器官とその場面にふさわしい運動によって環境に対応する。たとえば乳児は最初偶然ガラガラに手が触れてその音を楽しむが，次第に自分でガラガラをつかんで振って鳴らすようになる。新しい行動や知識の獲得は主として「**循環反応**」によっておこなわれる。これは同一の行動を何回も反復することであるが，その反復行動は単なる繰り返しから，次第に目的的なものとなり，場面によりよく適応できるようにそのシェマを調節してゆく能動的な循環反応に変化してゆく。

　発達の第2段階（前操作期）　「操作」とは一貫した，統合された認知体系を自由に駆使する心内の活動のことで，前操作期はこの操作的思考がまだできない時期である。ピアジェが操作的思考の発達段階を調べるために指標とした有名な課題に「**保存概念**」に関するものがある。保存とは，対象の一部を取り

去ったり，加えたりしなければ，分量や重さ，体積などの特徴は，対象の見かけが変化しても変わらないことである。たとえば細長いコップから広口の浅いコップにジュースをすべて注いだとすれば，前操作期の子どもはその量が少なくなった，などと判断するが，それは大人のようにその変形を頭の中で元の状態に戻してみる可逆的操作ができないからである。この時期の子どもは，自分にとって目立つ１つの部分（コップの高さなど）のみに注意を向けることが多い。それは「中心化」と呼ばれ，特に自分以外の視点が存在することが理解できないのである。このような発達的心性は「**自己中心性**」といわれる。ピアジェは，この心性を明らかにする課題として「３つの山問題」を考えた。この課題で，子どもは高さの異なる３つの山の模型を置いたテーブルのある位置にすわらされて，どのように見えるかを確認させた後に，他の位置に置かれた人形からどう見えるかを聞かれる。この時期の子どもは人形からも，自分が今見ているように見えていると考えてしまう。

　具体的操作期と形式的操作期　具体的操作期には，具体物と直接関係した操作をする能力が発達し，分類や順序づけ，対応づけなどの操作が可能となる。自己中心的思考から，次第に「**脱中心化**」が起こり，まず，量や数などの保存概念が，次には重さや体積の保存概念が確立する。さらに形式的操作期になると，特定の具体物から離れて，言語や記号だけを操作して抽象的水準で問題解決をおこなうことができる。観察したことから仮説を設定して，その仮説から理論を演繹する「**仮説演繹的思考**」ができるようになる。　　　　　　［宮坂］

参考文献　稲垣佳世子編『ピアジェ理論と教育』国土社，1982
　　　　　　ピアジェ，J.（波多野完治・滝沢武久訳）『知能の心理学』みすず書房，1989

問題9 生涯発達論について，エリクソンのライフサイクル論を中心に説明せよ

生涯発達論の意義 伝統的な発達理論の多くは，成長途上にある乳幼児期から青年期までを対象としてきた。しかし人間の全生涯は，能力の増大や，知識・行動の獲得の過程だけから成り立っているのではなく，胎生期から誕生，そして青年期までの急速な発達過程を経て，加齢や環境の変化による能力・情動・身体の変化，衰えを経験し，人生の最期を迎えるのである。人間の発達を人生の始まりから終わりまでの過程（ライフサイクル）について研究対象として，それを構成するいくつかの段階を明らかにする必要性が高まってきたのは，最近の数十年のことである。その理由として，近年，成人期以降でも環境との密接な関係のある能力や資質は衰えず，新たに発達する場合もあることが確認されたこと，高齢化が進み，老年期の人格や能力の変化，社会への適応，幸福感や孤独感などに対する関心が高まったこと，個人の発達過程は，親と子など，1つの世代から次の世代へ継承されてゆく世代間継承に位置づけられ，その関係性のなかで検討されるべきであるとする視点が注目されてきたことなどが考えられる。

ライフサイクルの心理学的研究を本格的に発展させたのは精神分析学者**エリクソン**（Erikson, E. H.）である。そのライフサイクル論は，長寿化や社会の急激な変化を特徴とする現代社会における生涯学習の必要性を，心理学的に裏付けるものとなった。

エリクソンによる心理社会的発達段階 エリクソンは，生涯を8つの段階に分けて，以下のようなそれぞれの段階に達成すべき心理社会的課題と，乗り越えるべき8つの心理社会的危機を明らかにした。この理論は，**フロイト**（Freud, S.）の心理-性的機能の観点に立った発達段階論を，個人と社会との相互作用のなかでの自我の発達を軸にして拡大発展させたものである。

① 乳児期（基本的信頼感対不信）　他者は基本的に暖かい存在であると感じて自分を取り巻く社会的環境を信頼できるようになること。乳児は母親

との満足な心地よい関係を通して信頼感を獲得するが，暖かい世話を受けない場合は不信感を抱く。乳児は信頼と不信の葛藤を通して自己信頼や他者信頼の規準を維持していく。

② 2-3歳（自律対恥・疑惑）　幼児期初期には排便訓練を通して自分でできるという自律の感覚を獲得し，永続的な自律と自尊の感覚を形成する。うまくできないという無能感や，両親の厳しすぎるしつけによって統制されすぎているという感覚から，恥や疑惑が生じる。

③ 3-6歳（積極性対罪悪感）　幼児期後期には世界を探索する楽しさの感覚を獲得する。良心の発達が積極性をコントロールし，異性の親への性的衝動や，親の強い禁止や罰が，罪悪感を強める。

④ 6-12歳（生産性対劣等感）　学齢期の子どもには何かを生産することによって承認を獲得し，忍耐強く物事に取り組み，達成しようとする勤勉さが求められる。それに失敗すると「劣等感」が生じてしまう。

⑤ 12-18歳（自我同一性対同一性拡散）　青年期には，「自分は何者であるのか。社会の中でどんな役割を果たすべきで，何ができるのか。人生の目的は何か。」などの問いに自分なりの答えを出すべき，**自我同一性（アイデンティティ）**を，試行錯誤しながら形成してゆく段階である。この過程のなかで青年は以上のようなことを「考えたくない。自分がわからない。」など，自分についての拡散状態や混乱に陥りやすく，その状態を「同一性拡散・混乱」という。

⑥ 20代（親密さ対孤立）

⑦ 20代〜50代（生殖性対没我）

⑧ 50代以上（統合性対絶望）　以上の3つの成人期は成人初期，中期，後期に直面する葛藤を特徴とする。　　　　　　　　　　　　　　　［宮坂］

参考文献　エリクソン，E. H.（小此木啓吾訳）『自我同一性：アイデンティティとライフ・サイクル』誠信書房，1973

問題 10　発達課題と教育について述べよ

発達課題　発達課題とはそれぞれの発達段階で達成すべき課題のことで，1930年代にアメリカの進歩主義教育協会の代表的メンバーが提唱し，**ハヴィガースト**（Havighurst, R. J.）が，1940年代から50年代にかけて，普及させた概念である。

　人間は生涯を通じて，社会のなかで健全に過ごし，望ましい成長を成し遂げるためには，各発達段階で出会う課題を達成しながら進んでゆかなくてはならない。一定の時期に現れる発達課題をうまく達成できれば，その個人に幸福がもたらされ，後の発達段階へも順調に進むが，失敗すれば社会からも承認されず，後の発達課題の達成に支障をきたすことになる。たとえば，子どもは生後2-3年までに人と交わり，話すことを学習しないと，その後にこれと関連する課題，すなわち読んだり書いたり，概念を理解したりする課題の達成が困難になってしまうとされる。ハヴィガーストは，人の生涯を乳児期及び児童期初期から老年期までの6段階に分類し，各発達段階における発達課題を次の3つの基準に基づいて設定した。

① 発達の生物学的基準（個人の生物的構造と機能に関する課題）
② 発達の文化的基準（個人の所属する社会・文化に関する課題）
③ 発達の心理的基準（個人の価値や希望に関する課題）

　たとえば，歩行の学習は①に，読み書きの学習や，集団内の役割取得は②に，職業の選択は③に分類される。生物学的基準に基づく課題は文化圏間でほとんど差異がみられず，どの子どもにもほぼ同一の時期に生じるものであるのに対し，個人に対する社会的要求などは，文化間での差異が大きい。

発達課題の特徴　発達課題はいつの時代，文化においても共通に存在する普遍的なものもあるが，課題を設定する者の教育観や，個人が所属する社会によって異なる内容も含まれる。今日の日本のように，読み書きについての能力がかなり早い時期にすべての者に身につけさせるべき課題となっている社会と，

それが早期に誰でもが達成すべき課題とはいえない文化圏もある。職業の選択と準備といった発達課題は，科学技術の進歩が著しい社会では職種も多様化，専門化が進んでいるために複雑になり，それほど早期に達成されるべき発達課題とはならないが，工業化の進んでいない発展途上の地域での職業の選択はもっと単純で，もっと若い時期に達成されるべき課題となるであろう。ハヴィガーストが20世紀半ばに規定した発達課題は，当時のアメリカの中流階級の文化や生活を反映していた。たとえば青年期の発達課題には，「同年齢の男女との親しい成熟した関係をもつこと，両親や他の大人から感情的独立を達成すること，経済的独立の自信をもつこと，職業を選択し，準備すること，結婚と家庭生活の準備をすること，職業を選択し，準備すること」などが含まれているが，このような内容は当時のアメリカ社会が青年に期待していた役割と密接に結びついていた。

発達課題の教育的意義　発達課題の理論は，人が成長してゆく過程で生じる発達上の諸問題やそれぞれの発達段階に期待される課題を示すものである。子どもが何らかの不適応状態に陥れば，前の時期の課題がうまく達成できなかったために，現段階の課題達成が困難になっていると推測できる。したがってこの理論は，学校教育においては，各発達段階の子どもたちがその時期の発達課題を首尾よく達成するために必要な学習ができるように，カリキュラムを開発したり，改善したりする作業に役立ってきた。またこの理論は，親や教師が子どもの行動を理解するうえでも有意義であるが，子どもに課題を達成させるためにどのような援助をすべきなのかを明確に指摘してはいない。　　　　［宮坂］

参考文献　村田孝次『生涯発達心理学の課題』培風館，1989

問題 11 母子関係について，次の用語を含めて解説せよ──アタッチメント，ホスピタリズム，マターナル・デプリヴェーション

母子関係の重要性 母親は，誕生時から子どもときわめて密接な関係にあるため，乳幼児期の母子関係は子どもの心身の発達に大きな影響を与える。特に子どもと特定の個人（主として母親）との間に形成される情愛的絆（きずな）は**アタッチメント（愛着）**と呼ばれ，子どもの健全な発達には欠かせないものである。従来は，母子関係が子どもの性格に及ぼす影響，乳幼児の発達上の不適応と母子関係などについての研究に重点がおかれてきた。したがって，子どもの性格上の問題や不適応は，母親の養育態度をどのように変えればどの程度改善されるのかが，盛んに論じられてきた。**ホスピタリズム**や**マターナル・デプリヴェーション**は，このように母親の側の養育態度や養育条件を問題にした調査研究の結果，明らかにされた現象であった。しかし近年，子どもの生育環境として，母子関係だけでなく，父子関係についても重視する必要性が指摘されてきた。しかも，子どもは親から一方的に働きかけられる受動的存在ではなく，親に向ける微笑み，発声や泣き声などの愛着行動によって親からの愛情を引き出し，親子の絆を強める能動的な存在であることも注目されるようになってきた。

ホスピタリズムとマターナル・デプリヴェーション ホスピタリズム（hospitalism）は，施設病と訳され，乳児院などの保育施設に発生することのある，心身の発達の異常な遅れや情緒障害，対人関係障害をいう。**スピッツ**（Spitz, R. A.）は，1930年代に施設児を生後3カ月から追跡調査した結果，4歳児でも2歳以下の発達水準にとどまるなど，発育の著しい遅滞や無表情，無感動，環境に対する鈍感さなどを観察した。しかし同時に，その調査からこのような発達初期の遅滞や歪みは保育施設特有の現象ではなく，母性的養育の欠如に原因があることが明らかになった。すなわち，ホスピタリズムはたとえ施設であっても，保育者が子どもに話しかけたり，抱きしめたりするなど，発達に必要な刺激や愛情を与えるなら，生じないと思われる。一方，一般家庭でも，母性的愛情，親子の情緒的関係の欠如や，親子間の言語的コミュニケーションの不足な

どがみられる環境に育った子どもに，ホスピタリズム的症状が観察されるため，最近では，母性的愛情に欠けた養育を総称して，マターナル・デプリヴェーション（maternal deprivation）という概念が多く用いられるようになってきている。

アタッチメント 精神分析学者**ボウルビィ**（Bowlby, J.）がこの概念を導入し，愛着行動を人間の適応的行動のシステムとみなした。乳児は，特定の養育者（主として母親）との相互交渉を通して愛着関係を形成する。乳児は養育者に抱きつき，微笑み，姿が見えなくなると後を追うなどの愛着行動を示し，そこで形成された愛着関係を次第に仲間や養育者以外の大人へ拡大していく。

ボウルビィは，愛着の発達を次の4段階に分けている。

第1段階（誕生から12週頃までの前愛着段階）　微笑，発声，人を目で追うなどの愛着行動をあらゆる大人に無差別に示す。

第2段階（12週頃から6カ月頃までの愛着形成段階）　養育者に喜びを伴う社会的反応を示す。

第3段階（6・7カ月頃から2歳頃までの明瞭な愛着段階）　養育者の後追いをしたり，探索行動の基地として母親を活用したりする。

第4段階（3歳前後からの目標修正パートナーシップの段階）　養育者と子どもの間に永続的な結びつきが形成される。さらに養育者以外の人々との豊かなコミュニケーションができるようになる。

最近，子どもを抱きしめたり，撫でたり，あやしたりするような愛撫や，子どもとの豊かな相互交渉をしようとしない母親が増えており，子どもを虐待する家庭もみられることが懸念される。育児不安や虐待に適切に対処できる社会的支援が必要な時代になっている。　　　　　　　　　　　　　　　　［宮坂］

参考文献　繁多進『愛着の発達』大日本図書，1987

問題 12　反抗期と自我の発達について述べよ

反抗期　精神発達の過程で，環境に自己を対立させて自己主張，攻撃，拒否傾向を示す傾向が目立つ時期のことである。特にこの傾向が強まるのは，幼児期と思春期である。

　2歳から4歳頃までの時期に目立つ反抗期は第一反抗期と呼ばれる。乳児期の子どもは親に全面的に依存し，心理的，生理的に母親と一体的な生活を過ごすが，2歳になる頃には，運動能力が発達し，行動範囲が広がるにつれて，親と距離をおいて生活することができるようになる。この時期には心理的にも自分が母親とは違う存在だと感じるようになる。子どもは，自分の意志と他人の意志との違いや対立が生じると，自分の欲求や意志を通したいという気持ちが強まり，周囲の規制に反抗する。このような自我の芽生えの時期が**第一反抗期**である。この場合の反抗は親に対する反逆ではなく，社会のなかでのひとりの独立・自律した人間となる最初の試みである。

　第二反抗期は，12-15歳頃の思春期に現れ，自己意識が急速に高まり，親や教師，その他の周囲の大人，社会的権威などと対立を起こしやすくなる時期である。第一反抗期が他者と自分との区別，母子分離を特徴としているのに対し，第二反抗期は精神面での独立，自己の内的世界の獲得に向けて反抗するようになる時期である。この時期の子どもは親や教師に対する攻撃的・批判的態度を示したり，沈黙をもって抵抗したりする。第二反抗期は，生理的離乳を経験する乳児期に対して，「**心理的離乳**」の時期と呼ばれるが，一挙に自立できるわけではなく，自立と依存との間で揺れ動く不安に満ちた思春期危機，青春期危機といわれる時代を過ごすのである。

　以上の2回の反抗期は，自我の発達にとって重要な意義をもっている。自我の芽生えから確立に至るには，反抗期という自我の急速な成長を経験することが必要である。第一反抗期を経験しなかった子どもは，教師への依存度が著しく強いという報告や意志薄弱になりやすいという調査結果もある。また，第一

反抗期が目立たなかった素直なよい子が思春期に急に強く反抗し始め，深刻な不登校症状をきたす場合もある。子どもは現実社会のなかでさまざまな困難に直面し，葛藤を味わうことが必要であるが，最近，子どものあらゆる要求を満たしてやるような，過保護な親が増えた結果，反抗期を経験しない子どもも少なくない。

自我の発達　自我とは，精神分析用語としての自我，発達心理学用語としての自我など，さまざまな意味をもつ言葉であるが，ここでは発達してゆく自己意識と解釈する。従来，以上のような2回の反抗期に自我が急速に発達することが指摘されていたが，今日では自己意識の発達はもっと早くから始まることが明らかになっている。子どもは，すでに乳児期に物や周囲の人々と積極的にかかわるなかで，自分と外界，他者と区別するようになってゆく。たとえば，名前を呼ばれて自分をさすことができるようになるのは，平均して2歳より前である。このような意識はさらに，母親から家族，仲間へと子どもを取り巻く人間関係が拡大するなかで，人々との相互作用を通して発達してゆくのである。

　エリクソン（Erikson, E. H.）の心理社会的発達段階によれば，生後18カ月頃から3歳頃までの，発達の第2段階である「自律対恥と疑惑」の時期に子どもは自己を意識し始める。エリクソンの理論によれば，自我は，幼児期からの心理社会的危機を解決することにより，段階的に発達してゆくとされ，その最大の危機である青年期に自分とは何かを模索する「**アイデンティティ形成**」の時期を乗り越えてからも，さらに心理社会的存在として成熟させてゆくべきものとみなされている。

〔宮坂〕

参考文献　梶田叡一『自己意識の発達心理学』金子書房，1989

第3章　学習理論と学習指導，情報機器

問題 13　主要な学習理論について概説せよ

　学習についての研究　学習とは，**行動主義**的な考え方によれば，経験や練習による比較的永続的な行動の変化である。学習の成立過程についての研究は，主として20世紀前半に一世を風靡した**連合理論**と，近年，急速に発展してきた**認知理論**との，2つの方向から進められてきた。前者が，動物実験から導き出された比較的単純な学習行動のメカニズムを研究対象としてきたのに対して，後者は，人間の複雑な学習や知識の構造などについて解明することをめざしている。

　連合理論　学習を刺激（S）と反応（R）の連合によって説明しようとする理論は，連合説，あるいはS-R理論と呼ばれる。代表的な連合理論には，**レスポンデント条件づけ（古典的条件づけ）**理論と**オペラント条件づけ（道具的条件づけ）**理論とがある。

　ロシアの生理学者**パヴロフ**（Pavlov, I.）は，イヌを用いた唾液分泌に関する実験で，イヌにベルの音を聞かせて後，肉粉を与えるという対提示を何回か繰り返す実験をおこなった。最初，イヌは肉粉のみに対して唾液を分泌したのに対して，まもなく肉粉を伴わないベルの音でも生ずるようになったのである。この実験において，肉粉は無条件刺激（反応を自動的に誘発する刺激），ベルは条件刺激（無条件刺激と対提示することによって条件反応を誘発するようになる刺激），無条件刺激に対する唾液分泌反応は無条件反応，条件刺激に対する唾液分泌反応は条件反応と呼ばれる。すなわちレスポンデント条件づけでは，被験者にとって特に意味をもたない中性刺激が，別の刺激と繰り返し対提示されることによって，被験者が2つの刺激事象の間の新しい関係を学習することになるのである。

　レスポンデント条件づけでは，ある誘発刺激によって不随意（自動的，生得

的）反応がひき起こされるのに対して，オペラント条件づけは，生体が環境に対して変化を期待して働きかけるものである。オペラント条件づけ（道具的条件づけ）はアメリカの**スキナー**（Skinner, B. F.）が理論化したもので，その基礎は**ワトソン**（Watson, J. B.）が創始した行動主義的な考え方にある。**行動主義**は，研究の対象を観察可能な行動に限定し，人間の知識の体系についても刺激と反応の連合という要素に分析することができるという見解に立つ考え方である。オペラント条件づけでは，動物や人間による自発的な反応（オペラント反応，たとえばネズミが偶然レバーを押す行為など）の直後にえさなどの「強化刺激」を与える操作が基本となる。オペラント条件づけの考え方は，すでにスキナーより前に**ソーンダイク**（Thorndike, E. L.）による先駆的研究のなかで明らかにされ，「**試行錯誤学習**」として理論化された。ソーンダイクは，実験用に考案した「問題箱」にネコを入れて，ネコが紐を引けば外に出てエサが食べられるようにした。実験を繰り返すうちに，ネコは試行錯誤の過程で偶然紐を引き，外に出てエサを得るようになったが，その一連の行為の時間は急速に短くなった。特定の場面で特定の反応をすることに対して報酬が与えられた結果，その場面と反応との間の結合が強められたのである。スキナーは，ソーンダイクの問題箱を改良した「スキナー箱」にハトを入れて，中のプラスチック板をハトがつつくと壁の円形の穴からエサが出るようにした。ハトは偶然，板をつついてエサを得たが，まもなく板をつつく反応を一定の頻度で示すようになった。すなわち，板をつつくことを学習したのである。このように，実験者の望むオペラント行動を被験体が自発的におこなった直後に強化することをオペラント条件づけという。

　スキナーはオペラントに対して強化を即時的に随伴させることで，より複雑な反応を逐次形成（シェイピング）していけばどんな反応も形成できると考えた。その考えは，**プログラム学習**（教材内容を細かい要素に分割し，各ステップでの反応の正誤を学習者に即時フィードバックする学習方式）や，**行動療法**（確立してしまった問題行動の修正を段階的に行う方法）に応用されるなど，新しい反応の形成や，好ましくない行動の矯正などに使われている。

　認知理論の学習観　行動主義的な学習理論は，観察可能な行動や外的フィー

ドバックを重視しているのに対して，認知心理学では，人間を1つの情報処理システムとみなして，その知識習得や問題解決の過程で，学習者は何を考え，どのように理解するのか，誤り（バグ）のある手続き的知識はどのようにして生じるかなどの，複雑な認知機能，意識過程を分析することや，知的好奇心の喚起に力を注いでいる。1950年代後半に成立した認知心理学は，情報処理システムとしての人間の脳と，コンピュータ，およびそれを動かすソフトウェアとを対比させる「情報処理アプローチ」を主要な研究方法としてきた。このアプローチは，人間を現実のコンピュータとみなすわけではなく，人間の心的過程をコンピュータと共通する記号処理過程と考えて，その過程を説明しようとするものである。最近では，こうした個人の頭の中の記号活動を研究するアプローチを超えて，教室の教授-学習過程や現実の生活場面で営まれる他者や道具と，学習の主体との相互作用を重視する「**状況的認知**」と呼ばれるアプローチが強調されるようになってきた。学習過程における他者の役割の重要性を最初に指摘したのは，ロシアの心理学者**ヴィゴツキー**（Vygotsky, L. S.）である。ヴィゴツキーは，人間に特有の論理的思考のような高次精神機能は，文化的・歴史的本性をもっていること，その発達は，学習の主体と大人（教師）あるいは仲間集団とのコミュニケーションを通して，その援助によって共同的におこなわれる精神活動（精神間機能）が学習者個人の内的な機能（精神内機能）になっていく過程を経ることを明らかにした。「**社会的構成主義**」と呼ばれるこの考え方は，今日，認知理論の立場から再評価され，さまざまな形で発展している。たとえば，学習の主体が文化的共同体のメンバーとして，実践的に参加し，参加の形態を変化させながら成長していくことが学習なのだとする「**正統的周辺参加**」論も，その1つである。　　　　　　　　　　　　　　［宮坂］

参考文献　無藤隆・市川伸一編著『学校教育の心理学』学文社，1998

問題 14　教授と学習の関係について述べよ

従来のとらえ方　授業は，教える行為（教授）と学ぶ行為（学習）とから成り立っている。今日，教授と学習の関係を，教授‐学習過程という用語で表現するのは，従来，教師の教授活動のみを強調したとらえ方と，子どもの学習活動のみを強調したとらえ方の2つの偏向がみられたことへの批判の結果である。前者の立場に立つ授業は，教師から子どもへの知識の一方的な伝達，注入の過程となり，その結果，子どもは完全に受身的で，知識を授かる者として位置づけられる。20世紀の前半に優勢を誇った学習の刺激‐反応説（**S‐R理論**）は，一定の刺激に対して望ましい反応を形成させることをめざす理論であった。**スキナー**（Skinner, B. F.）による**オペラント条件づけ**はその代表的な理論であり，それは20世紀後半に実施されるようになった**プログラム学習**や，コンピュータ支援教育（**CAI**）に応用されるに至った。これらは，明確な目標に向けた学習過程の制御を実現する受身的な授業の方法といえる。一方，子どもの学習活動における主体性や興味・関心を絶対的なものとする立場は，教師の働きかけを排除したり，限定したりする傾向を招いた。アメリカで始まり，1930年代から世界的に広がった進歩主義的教育理論に基づいて，子ども主体の，子どもの興味を中心に据えた生活経験重視の教育が提唱されたのは，その典型的な例である。このような経験主義の教育は，子どもの自己活動の重要性の意義を指摘し，教師と子どもの関係をとらえなおす契機となったが，文化遺産，科学的概念と学習の関係や教師の指導性を軽視する結果をもたらした。

教授活動と学習活動の相互関係　現在，教授と学習の過程は，教材を介しての教師の教授活動と，子どもの学習活動との力動的な相互作用の関係としてとらえられている。すなわち，教授活動と学習活動とは同一視できるものではなく，教授が必然的に学習を伴うものでもない。また，授業は教師と子どもとの相互関係のみで成り立つのではなく，教えられ，学ぶべき教材が不可欠である。しかし，教師は，教材内容のみから授業を計画し，実践することはできない。

教師はそれをどんな学習者に教えるのかを知らなければ、授業は成り立たない。すなわち、教師は、教えようとする学習者がどのような発達水準、既有の知識をもち、教えようとする内容にどのような興味・関心をもっているのかを知ったうえで、授業しなければならない。時代の変化、科学技術の変化とともに、教材自体が変化し、教師自身の経験の蓄積も加わって、教師と教材の相互関係は変化してゆく。このように教師と教材の関係、教師と学習者の関係、学習者と教材の関係はさまざまな要因によって変化するのであり、授業はこの三者の複雑で力動的な関係としてとらえられねばならない。

教授と学習の関係についての新しいとらえ方　教授と学習の関係は、近年、認知心理学的アプローチと実践的研究によって、新たな検討が試みられている。**認知心理学**では、教師による意識的な働きかけによって一定の学習の成立が保証されるわけではなく、学習者自身による知識の構成が不可欠であることに着目する。知識獲得の過程は、学習の主体としての学習者の先行知識や内的条件によって制約される。認知心理学は、学習者の知識の構造や理解のメカニズムなどについて実践的研究をおこない、有意義な成果を蓄積しつつある。さらに最近、教授－学習過程の新しい研究方向として、**ヴィゴツキー**(Vygotsky, L. S.)の発達理論に基づく「**社会的構成主義**」の理論を発展させる試みが始まっている。この視点は、子どもの学習活動が、教室という社会的活動の場での仲間との共同作業や、熟達した者による援助と相互作用によって規定されることに注目するもので、人間の認知発達が社会・文化的環境のなかで、他者との相互作用やコミュニケーションを通して実現するという考えに基づいている。

〔宮坂〕

参考文献　ヴィゴツキー, L. S. (柴田義松訳)『思考と言語 (新訳版)』新読書社, 2001

問題 15　学習の情報処理モデルと知識獲得理論について説明せよ

認知心理学における学習理論　学習とは、一般的に、経験によって生じる行動の比較的永続的な変化と定義されるが、このような定義は、生体の観察可能な行動と環境との対応関係を見いだそうとする行動主義的な立場からおこなわれたものである。それに対して、1950年代後半に成立した認知心理学は、人間を一種の情報処理システムとみなして、学習に関しては人間の学習の内的メカニズムを明らかにすることをめざしてきた。この考え方は、主として人間の情報処理システムをコンピュータと対応させること、すなわち人間を一種の精巧なコンピュータとみなすことから出発するものである。人間においてもコンピュータにおいてもその情報処理過程では、情報が入力から出力まで一連の変換を受けるのであり、両者は機能的に類似している。人間はコンピュータと同じように、入力情報を受け取ると、情報を符号化し、長期記憶内に貯蔵し、検索する。しかし、人間の情報処理システムがコンピュータシステムと決定的に違う点は、人間の作動記憶の容量がコンピュータのCPU（中央処理装置）と比べて格段に少ないこと、また情報の呼び出し時間も格段に遅いことであるが、コンピュータより人間の方が優れている点もある。たとえば、人間の記憶は、よく知っている文脈のなかでは、より多くの情報を扱うことができて、しかも部分的に記憶できる。コンピュータは決まりきった課題の解決を、迅速に大量に遂行できるのに対して、人間の情報処理システムは、環境に適応し、新しい問題の解決を進めるのに適しているといえよう。コンピュータによる情報処理のモデル化の有名なものとして、**アンダーソン**（Anderson, J. R.）による **ACT**（Adaptive Control of Thought）がある。これは、問題解決をおこなう具体的なプログラムを実行するコンピュータ・シミュレーション・モデルであり、1970年代に開発後、改訂を重ねている。近年の認知心理学における学習の研究には、このようなコンピュータによるモデル化を中心課題とせず、現実の教室での知識獲得過程をとらえようとする試みも増えている。

概念的知識と手続き的知識　知識を大別すると，概念的知識（言語の定義に関する知識，誰にでも共有される知識）と，手続き的知識（やり方についての知識，どのようにおこなうかについての知識）がある。概念的知識とは，「フランスの首都はパリである。」とか，「馬は哺乳類である。」のような知識であり，ある1つの概念には上位概念や，関連概念があり，さまざまな概念が論理的に関連づけられ，階層的に体制化されている。手続き的知識とは「分数の割り算の仕方」「自宅から駅までの行き方」のように，情報の単なる再生ではなく，実際に情報を変形・操作できる知識である。問題解決能力の高い者ほど，前提となる手続き的知識を多く持っていることが**ガニエ**（Gagné, E. D.）らによって確かめられている。

知識の獲得　意図的な教授-学習による知識の獲得は，外的にどのような形で学習者に示されたとしても，学習者自身がその知識を解釈し，理解し，実際の問題解決に適用するなどの過程を経る必要があり，その過程は，学習者自身のもつ先行知識に制約される。人は，新しい知識を自分のもつ既有の知識構造に関係づけて取り入れるのであり，このような既有の知識の構造は認知心理学では**スキーマ**と呼ばれる。人はそれぞれ，スキーマに照らして社会の事象，現象を認識していると考えられるが，そのスキーマの再構造化をはかることも重要である。多くの場合，個人の知識獲得は，他者とのかかわりのなかでおこなわれ，その意味で外的制約を受けている。今日，学習を単に個人による知識の獲得としてとらえるのではなく，文化的所産としての知識を，より有能な他者（教師）との共同作業を通して学習の主体に働きかけ，その知識構造を再構造化する営みとして検討し直すことの重要性が指摘されている。　　　　〔宮坂〕

参考文献　市川伸一『学習と教育の心理学』岩波書店，1995

問題 16　学習の動機づけ理論と動機づけの方法（外発的，内発的動機づけ）を説明せよ

　学習効果は，「やる気」や「意欲」の強さに大いに影響を受ける。やる気，意欲は教育心理学では「学習への動機づけ」の問題として，重要なテーマの1つにあげられている。動機づけは，学習目標に対して方向づけをおこない，学習行動を始動して，それを持続させる機能をもっている。

　外発的動機づけ　学習への動機づけには，「外発的動機づけ」と「内発的動機づけ」とがある。外発的動機づけは，学習行動が学習内容以外の欲求を満たすための手段となる場合で，人や動物が本来怠け者で，非活動的な存在なのだとする見解に基づいている。動物が飢えという動因（欲求）からエサを獲得するために迷路学習という行動を起こすなら，その行動は迷路の奥にあるエサという報酬を得るためであって，エサを得ることは飢えという動因を低減することになる。この場合，エサは行動に対して外発的なものなので，外発的動機づけである。**ハル**（Hull, C. L.）は，このように不快な緊張状態（動因）が生活体に生じたとき，適切な刺激が適切な反応を呼び起こすことで動因が低下したら，刺激と反応の結合が強化され，それによって学習が成立するという「**動因低減説**」を主張した。

　実際の授業場面では，教師は，しばしば子どもたちを，賞罰（賞賛と叱責，あるいは表彰や褒美の授与など）や，他人との競争によって学習に駆り立てようとする。また，地位の獲得や資格の取得という目標を叶えたい，入試に合格したいと願って学習意欲を強くもつようになるケースはきわめて多い。これらはすべて，学習行動を外的な強化要因によって引き起こそうとするものなので，外発的動機づけである。賞賛（ほめられる）は，一般的に満足や快の感情を生み出し，罰（叱られる）は，葛藤や不快の感情を生み出すとされる。しかし，どのようなものが強力な報酬となるかは，子どもによって異なるし，ある報酬が長期的にみて，学習意欲を上げる手段となるのかどうか，検討する必要がある。たとえば褒美を与えることは，短期的には学習意欲を高めるが，長期的に

はかえって意欲を低下させるという報告も少なくない。

内発的動機づけ　人間も動物も，新奇な対象に好奇心を示したり，環境と積極的にかかわりをもちたい，探索したいという欲求を少なからずもっている。特に人間はきわめて能動的な存在であり，他の動物とは比較にならないほど強い知的好奇心をもっていることが，1950年代から60年代にかけて強調されるようになってきた。たとえば，**ファンツ**（Fantz, R. L.）らは，乳児が見慣れた図形パターン，単純な図形パターンよりも新奇なパターンや複雑なパターン，人らしいパターンに対して注視する時間が長いことを観察した。乳児のこのような行動は，一見わからないもの，不思議なものに興味をもち，わかりたいとする学習行動であるとみなすことができる。心の内部から学習意欲が沸き起こる場合，**知的好奇心**や，興味によって学習行動が引き起こされる場合を，内発的動機づけという。内発的動機づけによる学習には，知的好奇心に基づく場合や，ある課題を達成したいという**達成動機**，さらに課題を達成することによって自己の有能感を確認したいという欲求，向上心をもって自己の価値を深く追求する自己実現要求に基づく場合などがある。人間に知的好奇心が呼び起こされるのは，既有観念と刺激との間に適度なずれがみられる場合で，環境刺激が適度のめずらしさ（新奇性），不思議さ（疑問），意外性，矛盾や不一致などをもつときである。サルに関する実験でも，サルは新奇な対象を求めて探索することによって退屈さをまぎらわせたり，組み立てパズルを与えられると，何時間も熱心に遊んでいることが明らかにされている。人間は，本来，サルよりさらに知的好奇心を起こしやすい動物である。学習場面では，子どもに知的好奇心や探索欲求を誘発するように，認知的葛藤状態をつくり出す工夫が必要である。

教育現場での動機づけ　子どもは，ほめられたい，賞が欲しい，競争に勝ちたい，叱られたくない，合格したいなどの外発的動機づけによって，学習に駆り立てられる場合が多く，教師や親には，こうした動機づけに即効的効果を期待して多用する傾向がみられる。しかし，外発的動機づけは一時的には効果があっても，賞が廃止されたり，競争事態が設定されない場合のように，条件が変われば学習者の意欲を失わせる結果をもたらしやすい。そればかりか，自発的な学習活動に賞が与えられると，動機は外発的なものにすりかわってしまい，

内発的動機を低下させてしまうことが知られている。このように，子どもは，外的な報酬を与え続けられると，積極的に学ぶ意欲を失ってしまう可能性が高い。

　常にテスト結果で子どもを評価し，よい評点をとる子どもを賞賛するような教師のもとでは，子どもたちは，何を間違えたのか，なぜ間違えたのか，ということを探究したいという欲求や知的好奇心を高めることができないにちがいない。

　教室場面で，特殊的好奇心を強めて思考を促すための認知的葛藤はどうしたらつくり出すことができるのか，実践的に研究しなければならない。知的好奇心の研究の第一人者である**バーライン**(Berlyne, D. E.)は，好奇心は不確定性（あいまいさ）を低減するための探索行動を引き起こすこと，新奇性（めずらしさ）が高いと好奇心が起きやすいことを主張している。バーラインらは，幼稚園児と小学生に，物語内容について質問するように求めて子どもの好奇心を調査した。実験対象の物語として，結果の新奇性と不確定性がいろいろ異なるものが用意されている。不確定性の低い物語は，2通りの結果の可能性があるが，そのうち1つが起こりそうな結果である。一方，不確定性の高い物語では，3つの結果の可能性があり，どれも起こりそうな結果である。この研究で子どもたちが質問を多く発したのは，新奇性，不確定性がともに高いものであった。新奇性，不確定性の高いものは，葛藤的思考を起こしやすいのである。たとえば科学の授業で予想外の結果となる実験を提示することや，文学の授業で子どもたちに多様な解釈をおこなわせ，その解釈のなかでどれが最良であるかを考えさせることは，子どもたちの知的好奇心を呼び起こす有効な手段となるであろう。

〔宮坂〕

参考文献　波多野誼余夫・稲垣佳世子『無気力の心理学』中央公論社，1981

問題 17　効力感，無力感，達成動機について説明せよ

効力感と無力感　効力感（efficacy）とは，自ら努力して環境に働きかければ，好ましい結果が得られるという見通しと信念であり，自己への信頼感である。デシ（Deci, E. L.）は，自分が物事を立派に遂行できるという感じを「**有能感**」と称したが，効力感はこの有能感に近い概念である。効力感をもつ人は努力すれば環境をコントロールできると感じて，成功するかどうか不確定の場合にも積極的，意欲的に取り組むことができる。すなわち，困難な場面でも粘り強く立ち向かい，新しい学習課題にも挑戦することができるのである。子どもに効力感をもたせるには，第1に内発的に動機づけること，第2に，自分こそが行動の主体で，コントロールする側なのだという信念をもたせることである。
ド・シャーム（Charms, R. de）は，チェスの指し手とコマの関係になぞらえて，自分が行動の主体で，その行動の原因を自分自身のなかにもつ人を「指し手」，他人の意のままに動かされる人を「コマ」と呼んだ。ド・シャームは，人間は本来，指し手的であるのに，子どもが伝統的な教師伝達授業によってコマ的になってしまったことを批判し，指し手的人間を育てる教育の必要性を主張している。

効力感と対立する概念は，無力感である。無力感とは努力してもだめだとか，学習しても無駄だという意識である。**セリグマン**（Seligman, M. E. P.）らによるイヌを対象とした実験によると，電気ショックを与えられても，体の自由を奪われてその不快刺激から避けられないようにされたイヌは，自由な状態になっても電気ショックから逃れようとせずに，そのショックを受け続けた。セリグマンは，このように自分の力ではコントロール不可能なことを何度も経験すると，動物でも人間でもやる気を失ってしまい，無力感を形成してしまうと考えて，それを「**獲得された無力感**」（学習性無力感）と呼んだ。

達成動機　やる気の問題は，心理学では「達成動機（何事かを達成したい気持ち）」として研究されてきた。達成動機は，「**原因帰属**」の問題と密接にかか

わっている。これは，子どもが学習場面で成功や失敗を経験したとき，その原因を何に求めるかという問題である。**ワイナー**(Weiner, B.)らは，成功・失敗の原因を，内的か，外的かという統制の次元と，固定的か，変動的かという安定性の次元の組合せによって，4つの要因（能力・努力・課題の困難さ・運）に区分した。能力と努力はどちらも，内的な要因であるが，能力は変化しにくい固定的なものとみなされやすいので，能力のせいで失敗したと思われる場合は，次に成功する可能性を期待しにくい。だが，努力は容易に変化する変動的な要因である。したがって，成功や失敗を努力の程度に求める場合には，努力の量を増したり，方法を変えれば，成功が期待できるので学習意欲は高まる。

一般に達成動機が高い人間は，成功の原因を自分の努力によると思い，自尊心が高まり，失敗の原因を努力不足のためだと考える。すなわち達成動機が高い人は，成功や失敗の原因を自分の努力次第とする傾向が強い。一方，達成動機が低い人は成功の原因を，課題のやさしさや，運の良さに求め，失敗の原因を自分の能力不足のせいにする傾向がみられ，無気力になりやすい。

学校教育においては，子どもに効力感を形成し，無力感をもたせないように教育上の工夫や配慮をすることが重要な課題となる。子どもに対して，解決可能ではあるが，適度に困難な課題を与えて，努力すればできるという満足感を与えること，学習をやらされているのでなく，主体的に学んでいるのだという指し手意識をもたせることが，子どもの達成動機を高めるうえで有効である。また，成績評価を努力が報われたことが実感できる「**個人内評価**」（個人の進歩の度合や学習傾向を評価する方式）や**到達度評価**（目標達成の度合を評価する方式）でおこなうことも望ましい。　　　　　　　　　　　　　　　　［宮坂］

参考文献　伊藤隆二・坂野登編『子どもの自発性と学習意欲』日本文化科学社，1987
宮本美沙子『やる気の心理学』創元社，1991

問題 18

学習の効果について，次の用語を含めて説明せよ
——学習の転移，ピグマリオン効果

学習の効果についての研究　学習の成果は，後の学習や別の学習，日常生活のなかで活用され，応用されることが期待される。学んだことを何かに役立てるためには，記憶内容を保持すること，できるだけ広く応用できることが必要である。記憶についての古典的研究のなかで，19世紀末に**エビングハウス**(Ebbinghaus, H.)が無意味綴りを材料とする記憶実験によって，学習材料の保持と忘却の過程を明らかにしたものが特に有名である。エビングハウスの**忘却曲線**と呼ばれるものは，縦軸に学習材料の保持率，横軸に日数をとり，学習結果がどのように保持（忘却）されるかを示したものである。それによると，学習者にとって無意味な材料の保持率は始めの数時間で急速に下がり，以後緩やかな勾配で低下する。一方，**オースベル**(Ausubel, D. P.)は，学習者が実際に記憶すべき学習材料を無意味なものとしてではなく，自分のもっている知識の体系（認知構造）に関連づけて，意味をもたせて覚えるべきであると主張し，記憶における認知構造の役割を重視している。さらに認知心理学では，記銘しようとする情報内容は，意識的な復唱（**リハーサル**という）と，その内容の知識構造への取り入れ（体制化という）によって長期記憶に保存されやすくなり，よく再現されることを明らかにしている。

学習の転移　ある場面で学習したことが他の場面での学習に何らかの影響をすることを，学習の転移という。学習結果が別の学習にうまく応用され，それを促進することになるか，それともかえって妨害することになるのかということは，学習の効果にかかわる重要な問題である。英語を学習した人が学習していない人よりもフランス語の学習がしやすくなる場合，アイスホッケーをした人がその経験のない人よりも，ゴルフの上達が速い場合，「学習の**正の転移**」が生じたのである。逆に前の学習が後の学習を妨害する場合を「**負の転移**」または「**順向抑制**」という。歴史の試験勉強の直後に経済学の勉強をして，経済学のテストを受けた者が，歴史の勉強をしなかった者より経済学の知識をうま

く想起できないとすれば，負の転移が生じたことになる。また，英語を学んだ者がドイツ語を習い始めることによって，英語の綴りに混乱が生じるとすれば，後の学習が前の学習の想起を妨害したことになる。このような現象を「**逆行抑制**」という。順向抑制および逆行抑制は，忘却の有力な原因とされている。一般に学習者にとって，学習材料の有意味性が低いほど，また学習材料間に類似性が高いほど，忘却が生じやすい。記憶の保持率を高めるためには，意味を十分に理解し，自分の既有知識にしっかりと関連づけることが大切なのである。

今日，認知心理学では，転移について，既有知識を未知の領域に適用する類推の過程や，**メタ認知**（自分自身の認知過程，理解度を知ること）の能力が転移するメカニズムなど，新たな角度からの研究課題に取り組んでいる。

教師の期待効果——ピグマリオン効果　教育場面における子どもの学習効果には，教師の子どもに対する態度や行動が大きな影響を与える。教師が子どもに対して抱いている効果がその言動を通して子どもに伝わることは教師期待効果と呼ばれ，ピグマリオン効果はその代表的なものである。ピグマリオンとはギリシャ神話のなかのキプロスの王の名前で，王が彫刻の美女を本気で生きているかのように愛したのを神が哀れんでその美女に生命を与えたという物語の主人公である。**ローゼンタール**（Rosenthal, R.）が，期待が実現する効果にこの物語名を用いたもので，その実験によると，教師に伸びると予想された子どもは，その期待に応えようとして，他の子どもより能力や意欲が向上した。その後の研究では必ずしも同様の結果が出されているわけではないが，この効果は，教師が子どもの可能性を信じること，両者が暖かい信頼関係で結ばれることの重要性を示唆している。　　　　　　　　　　　　　　　　　　　　［宮坂］

参考文献　稲垣佳世子・波多野誼余夫『人はいかに学ぶか』中央公論社，1989

問題 19
教師主体の学習指導について，次の用語を含めて説明せよ
——プログラム学習，有意味受容学習

　教師の学習指導の役割のうち主なものの1つは子どもの学習をいかにして生じさせ，効果的に組織するかということであろう。この立場からみて，教育心理学のさまざまな理論のうち，実際に教室での学習にもっとも影響を与えたものの1つがスキナー（Skinner, B. F.）によって開発された**プログラム学習**の理論である。

　プログラム学習はオペラント条件づけと行動形成の理論にその基礎をおいている。プログラム学習を成立させている原理は，積極的反応，即時確認，そして小ステップの原理である。オペラント条件づけの刺激にあたるのが学習の問題の提示であるとすると，正誤にかかわらずその問題に対して出されたさまざまな解答がオペラント反応にあたる。それらの反応のうち正しい解答を刺激としての問題に連合させることで刺激と反応の連合が形成される。そのためには強化刺激としての賞罰を随伴させる必要があるが，それが正答・誤答のフィードバックである。人間は正しく答えられたことだけで快く感じることができ，これが正の強化となる。反対に間違っていることがわかれば不快となり，負の強化となるのである。このように人間の学習にオペラント条件づけの理論を適用したのがプログラム学習の原理となっている。

　ところで強化を随伴させて連合を形成するためには，反応のレパートリーのなかに適切な行動が含まれている必要がある。1回の問題提示と解答とによって目標とする行動に至ることができるのは稀なことであろう。その場合は目標行動に至る道筋を下位目標の連鎖として描き，1つ1つの下位目標を達成していく過程を構成することで，大きな目標に至らせることができる。このような小さな下位行動の連鎖として大きな行動に導くやり方を小ステップの原理といい，行動形成の考え方に通じている。

　ひとりひとりの子どもはもっている知識や問題解決の能力に応じて異なっており，たとえばどれくらいのステップの高さが適切かも異なっている。そこで

子どもの解答に応じて進むべき道筋と，与える課題を調整することが必要となり，それは教師の役割となる。またそのような学習者のさまざまな特性を考慮に入れてあらかじめプログラムを組んでおき，間違いに応じて枝分かれしたプログラムを進ませるなどすることが，コンピュータ技術の進歩により可能となっている。もちろんもともと学習者にどのような学習のニーズがあるかを把握しておく方が大切ではあるが。

　プログラム学習に対する批判はさまざまある。もともとオペラント条件づけや行動形成の理論は行動主義心理学を背景としている。そこでは基本的に刺激と反応との連鎖で学習が構成されており，「心」の構造や機能に対する考慮がほとんど払われていなかったため，機械的な反応連鎖としてしか学習の成果が把握されないきらいがある。また学習によって達成されたものが行動によってのみ表現されると，逆にまったく機械的な暗記によって生じる行動と区別がつかないことにもなった。

　これが教室学習に適応された場合，教える側の役割はよいプログラムを作成することにかぎられ，実際これが教室に導入されたときには，"teacher proof" という表現で，個別の教師の役割を低くしかみない結果につながった。教師主導の学習指導といいながら実際には教師不在の状況に陥ってしまったのである。

　さらに，適切なステップを刻むことは，個人差があり，個別のニーズにきめ細かく応じることは難しく，子どもによっては超えられないステップであったり，冗長な問いの連鎖になったりと，どちらも学習を疎外する結果を招く原因となった。条件づけの研究ではどのように強化を与えるかのスケジュールの研究が盛んにおこなわれてきたが，適時に強化がなければ学習の成立が難しいことは，当然人間の学習においてもあてはまるのである。

　上でみた機械的学習に対して，人間の学習を認知的な活動として把握する立場に有意味学習の理論がある。有意味学習は発見学習としておこなわれる場合と受容学習としておこなわれる場合とがあり，学ぶべき内容が最終的なかたちで学習材料のなかにすでに与えられていて，学習者にはそれを意味的に受容することが求められている場合を**有意味受容学習**と呼ぶ。これが成立するために

は，まず学習すべき内容が論理的に有意味であることが必要である。そして学習者が自己の認知構造のなかにその学習内容を関連づけることができる概念や観念をもっていることが必要である。さらに，学習者が学習内容を自己の認知構造に関連させる意図をもっていること，すなわち学習の意図をもって臨むことも必要である。これらが希薄になるにしたがって有意味学習ではなく，機械的学習になってしまうのである。

　学校で学ぶ内容はさまざまな領域の概念であり，すでに確立されている有意味な概念を受容することがかなりの部分を占めると考えられる。学習者が学ぶ構えで臨むか否かが動機づけの問題であるとすると，学習者の認知構造のうちに新たに学習する内容と関連する構造が含まれているかどうかが問題となる。もしそのようなものがないとすると，新たにそれを作る必要が生じる。たとえば，新たな学習内容の概要を提示したり，新たな学習内容と類似する内容を学習者がすでに学んでいたならば，それとの類比や対比を示したりすることで学習は促進される。このような学習すべき内容に先立って提示される学習材料のことを**オースベル**（Ausubel, D. P.）は**先行オーガナイザー**と呼び，それを与えることで有意味受容学習は促進されることが明らかにされた。

　以上のように，教師主体の学習指導とはいっても，学習の主体が子どもである以上，そこでの役割は学習内容を学習者に合わせて加工し，受容しやすくすることをはじめ，学習者の実態に応じて学習の条件を整えることに主眼がおかれることになる。一方，学習のさまざまな要因を組織し，学習を生じさせる場や状況をつくり出すのはほかならぬ教師であり，その役割の重要さは言を俟たないところである。　　　　　　　　　　　　　　　　　　　　[宮下]

参考文献　岸本弘・柴田義松編『発達と学習』学文社，1990
　　　　　東洋ほか編『新 教育の事典』平凡社，1979

問題 20

生徒主体の学習指導について，次の用語を含めて説明せよ
——発見学習，仮説実験授業，オープンシステム

　学ぶ主体が児童・生徒である以上，生徒の学習を主体とする学習指導がおこなわれる必要がある。さまざまな試みがなされているなかで，まず**発見学習**についてみてみよう。

　有意味学習の場合でも受容ではなく発見によっておこなわれることがある。それはあらかじめ提示される学習材料のなかに，学習すべき内容が，獲得されるべき知識というかたちで含まれていない場合である。学習者には帰納または演繹の推論過程を経ることによって結論を導き出すことが求められる。一般的に科学的発見は，人類にとって未知の事柄を発見するのであるから，誰にでもできることではないが，個人のレベルで考えれば，すでに周囲の人々に知られていることでも，自分にとっての発見として新たな知識を獲得する際に経験しうることである。また発見に伴う思考過程を経験するという意味でもその意義は大きい。

　発見学習によって，学習者には問題の含まれる環境への積極的な働きかけが期待でき，**知的好奇心**や**達成動機**に促されて問題解決にかかわる能動性が実現できる。またもともと与えられていないものを発見するのであるから，領域を超えた学習の発展性が期待できる。さらに，発見はヒューリスティクスと呼ばれる思考過程を伴うが，アルゴリズムの思考過程と異なって，厳密ではないが，その分柔軟性に富んでいることも大きな特徴である。

　発見学習の過程に教師がどのようにかかわるかという点でも多様である。まず課題を見つけることは，発見学習のうちに含めることができるし，あらかじめ教師が準備することもできる。また設定された課題について考察を進める際には，間接的ではあれ教師が助言したり方向づけたりする場合と，すべてを子どもにまかせる場合とがありうる。科学的発見が基本的に他から独立しておこなわれることを考えれば，ひとり立ちして学習をすすめることが発見学習のめざすところと考えられようが，それに導く過程はさまざまに考えることができ

るのである。問題を自ら設定し，その解決を模索することから学ぶことは，現行の学習指導要領でもまた強調されているところである。

　次に，科学的認識に基礎をおいているという点で発見学習にも通じる**仮説実験授業**についてみる。これは研究会のメンバーによって開発された授業書に基づいておこなわれるもので，物理の領域でいえば質量や力など，科学の基本的な概念について，葛藤を生じさせるような問題を提示し，子どもたちに答えを予想させる。予想はあらかじめ授業書に用意された選択肢から選ぶことになる。さらにそれぞれの予想の根拠を説明させ，提案された異なる仮説の間で討論をおこなわせる。ここでは異なる仮説をもつ子どもに対していかに説得的に自分の仮説を説明できるかがポイントになる。討論に基づいて再度予想を立てさせるが，説得的な説明であったかどうかは支持者の増減によって明らかとなる。そして最後に実験によって決定的な事実を提示するというのが一般的な手順である。

　教師は討論の間，非指示的な態度で臨むことが求められる。つまり，子どもから出された意見や考えに対して支持したり反論したりすることを一切せず，受容したり促したりといった討論を活性化させる役割に徹するのである。問題や仮説があらかじめ授業書によって提示され，また準備された実験によって科学的事実も提示されることになるので，かなりの部分教師に導かれることになるが，科学の基本概念を納得のいくかたちで再構成し，しかも周囲の子どもたちにも説得的に示すことができるようなものに洗練するのは，他ならぬ子どもたち自身である。仮に予想があたらなかったとしても，何が科学的事実かを知るだけではなく，自分の仮説を再検討し，事実に即した理解が再構成されることになるのである。

　ところで，個々の学習内容にとどまらず，カリキュラムや学校の施設までも学習者中心につくり上げられた学習指導の形態がある。それが**オープンシステム**である。これは児童中心主義の立場に立ち，伝統的な教師中心の学習指導のかかえるさまざまな問題を解決しようとして提案され，実践されてきたものである。特徴は多岐にわたるが，まずカリキュラムについては，子どもたちは自らの興味や関心に従って何を学ぶかを決める。課題は活動を中心とする内容と

なっており，有意味受容学習で想定されているような理解と記憶によるのではない方法がとられる。しかも従来の時間の枠組みにとらわれず，必要があれば一日中課題の追求に当てられることもある。さらに教室や学校の施設についても，従来のような壁で仕切られた空間ではなく，多様な個人活動や集団活動が可能となるようなオープンな空間を配する工夫がなされる。

　オープンシステムは個別学習が基本であるが，必要に応じて小集団を構成し，またクラスを単位とする学習もおこなわれるなど，柔軟な運用が特色である。教師の側でも，ティームを組んで指導することを基本とし，学習の素材の準備や個人の学習の過程の把握，また学習内容に過不足のないようにするために適切なアドバイスをすること，担当の教師間で日常的な打ち合わせを欠かさないことなど，なすべきことは多いが，あくまでも主眼は子ども個々による学習におかれている。

　学習者主体の学習指導は偶発的な条件に左右されることが多く，子どもたちが何を学んだか，子どもにも教師にも把握しにくいところがあり，まとまりに欠ける弱みがある。しかし一斉授業のように教師主導に偏りがちな授業がかかえる問題を改善する方向づけを含んでおり，学校を変える契機に富んでいると考えられる。現行の学習指導要領ではじめられた総合的な学習の時間も，子どもの意欲・関心に基づいて学習課題を設定し，課題解決型の学習や体験を重視した学習をおこなうことがめざされている。これも生徒主体の学習指導への転換という流れをくんでいるものといえよう。その源流にさかのぼれば，進歩主義教育をはじめさまざまな教育理論・教育実践から学ぶことができる。そのような成果も生かして，息長く実践に取り組む必要があろう。　　　　　［宮下］

参考文献　岸本弘・柴田義松編『発達と学習』学文社，1990
　　　　　東洋ほか編『新 教育の事典』平凡社，1979

問題 21
個人差に応じた指導の理論と方法について，次の用語を含めて説明せよ――ATI，個別化，習熟度別指導

　知能，性格，適性などにおいて個人差があることは心理学研究においては当然の前提である。実際，たとえば知能についてある内容を定めてテストをおこなうと，被験者の得点は平均値のまわりに多数が分布し，周辺にいくほど少なくなる正規分布ないしはそれに近いかたちとなることが多い。問題は分布における個人の位置づけが常に一定というわけではないことである。それはどのような軸を取って測定するかによって変わってくる。知能についていえば，多重知能という考え方にみられるように，言語的知能や音楽的知能など，相互に独立と考えられる複数の知能が存在し，当然ひとりの人のなかでもそれらの測定値の間に変動がみられる。個人の特性はそのようなさまざまな側面を合わせて描いたプロフィールによって把握されるのである。

　さらに教育の場面においてはさまざまな指導方法が用いられるが，それらは実験心理学でいう処遇にあたると考えることができる。実験における処遇の効果は実験のために構成された群の間で比較されるのが通例だが，それを個人の特性に注目してさらに詳細に分析すると，用いられたさまざまな指導方法と個人の特性との組み合わせに応じて，個人の納める結果に違いがみられることがある。たとえばある教科の内容について，聴覚的・継時的な資料提示の方法と視覚的・同時的な資料提示の方法とによってその理解を問うような問題がある場合，同じ内容の資料であっても聴覚的な提示によく反応する（得点が高い）場合と視覚的な提示によく反応する場合とがありうる。このような結果の解釈として，学習者のもつ情報の受容に関する特性と資料提示の方法とが合致すればよい結果が得られるし，そうでない場合は結果も劣るということになる。このことをATI（Aptitude-Treatment Interaction 適性処遇交互作用）と呼ぶ。

　このような見方をすると，ある処遇（指導方法）のもとで示された結果や達成などは適性と処遇との交互作用の反映に過ぎないということになるし，さらに，少なくとも能力や適性の現れはどのような処遇を受けるかによって変化す

るものであるということもできる。つまり，個人の特性としての知能や能力と同等かそれ以上に，どのような指導がなされるかが問題となるということを示しているのである。実際の教室場面では，生徒の数に対して教師は少数であり，用いられる学習指導の方法もレパートリーが限られてしまうきらいがある。多様な指導法が存在する場合には，生徒個々がよりよく力量が発揮できる処遇（指導法）との出会いの可能性が高まるが，教育現場に受け継がれている教授手法の限定ゆえに子ども本来もっている力が発揮できない場合が多いのではないだろうか。

　近年，少人数指導が小中学校の教室に浸透しつつある。ひとりひとりの児童・生徒に目が行き届き，個に応じた指導ができることが利点としてあげられている。いっぽうで，小集団のなかでの人間関係の難しさもあり，先生や友だちとうまくいかなかったときに生じる関係の行き詰まりが懸念され，導入に慎重になる向きもある。通常2クラスを3分割するといった割合で少人数クラスが編成されることが多い。誰がどのクラスに入るかはあらかじめそれぞれのクラスの学習指導の特徴を児童・生徒に（保護者も含めて）周知し，選ばせることが多い。指導の特徴として，算数・数学などの場合，じっくり時間をかけて基本的な問題に取り組む，従来通りの指導，発展問題などにどんどんチャレンジするなど，**習熟度別指導**が目論まれている。成績に従って教師の側でクラスを割り振るようなことは控えられているようだが，これまでと比較しても子どもの個別のニーズにしたがって，ひとりひとりの子どもにあった学習指導を選ぶことへの理解は浸透しつつあるように思われる。

　このような教育方法に対する批判として，習熟度別に割り振ることで子どもを選別し，特にどちらかというと劣ると判断されるクラスに配置された子どもたちに無力感を抱かせてしまうこと，さらに通常の学級編成に戻ったときも無用な亀裂を生んでしまうことに対する危惧が強くみられる。能力別の集団編成の場合に，集団間の学業達成の差異を能力に帰結する傾向が強くなることから，このような批判も無理からぬところであろう。

　実際にどのような指導がなされたかは，それぞれの指導場面に立ち入らなければ確実に把握することは難しいが，生徒に示される指導法の違いは抽象的な

ものにとどまることが多く，たとえば上に示した例のように，時間のかけ方や教え方のペースといった違いとしてしか示されないことも多い。指導法にどれほどのバリエーションがつくり出せるものか，1人の教師がもてる教え方のレパートリーという問題もあり，通常とはまったく違う方法を組織的におこなうことはもともと難しいことでもあろう。先にみたとおり，処遇の違いがあってこそのATIであり，あまり違いのないところでは，多様な児童・生徒の特性に合わせること自体が難しいことと考えなければならない。

理念的には個人レベルで適性がちがうことになり，学習を**個別化**するところにまで行き着くことになる。個別の教育ニーズに合わせた教育をめざす方向性は特別支援教育の考え方のなかにすでに現れているが，実際の教室のさまざまな制約のもとでどれくらい個別化が可能なのかはまた別に検討されるべき問題である。

個に応じた教育，個性を生かす教育は多様である。個別化という方向性だけでなく，集団のなかで発揮される個性という考え方も成り立つ。従来の学級経営においては個人の良さを集めて集団づくりをしていくことが集団も個人をも生かすことにつながるとされてきた。たとえば班を構成するとき，なかなか発言できない子にはじっくり意見を聞いてあげられるような子を組み合わせ，落ち着きのない子には班の活動の方にうまく注意を向けてあげられるような子を組み合わせる。結果として班がまとまりをもって自立して活動できるようになり，それぞれの子どもの個性が学習や学校生活のさまざまな側面で発揮されるようになることが理想とされていた。そのような方向性を見直すことも必要であると思われる。

[宮下]

参考文献
東洋編『教育の心理学的基礎』朝倉書店，1982
東洋ほか編『新 教育の事典』平凡社，1979

問題22 教育におけるコンピュータの利用について述べよ

　現代の社会でコンピュータの利用があらゆる領域に浸透しているのと同様，教育においてもさまざまな使われ方がなされている。たとえばテストの結果を処理する際にコンピュータを用いることは，大学入試センター試験をはじめ，全国規模の模擬試験などでもおなじみとなっている。このような教育にかかわるデータの解析をはじめ，学校の事務や図書館の蔵書検索・貸し出し業務等に用いられることは，もはや各学校単位でも普通のことである。身近となった情報機器としてのコンピュータを活用することは社会生活を営むうえで，もはや必要不可欠であり，コンピュータ・リテラシーの教育の重要性は論を待たない。また各学校にコンピュータ室が整備され，施設・設備の面でも普及の度合いは高まっている。

　いっぽう学習指導にコンピュータを利用する流れとしてはCAIの研究がその端緒であり，行動主義心理学に基づいたプログラム学習の理論とも合わさって，教師に代わって教材を提示し，学習者の反応に応じて正誤のフィードバックや補足的な学習内容の提示をおこなうなどすることで，個別学習の可能性がおおいに進展した。またコンピュータ・シミュレーションや画像処理の技術の進展により，ディスプレー上で，現実には体験することのできない物事，場面や状況，出来事などを仮想的に体験することが可能にもなっている。これらは大型コンピュータの発展に伴って開発されてきた経過をもち，限られた施設・設備を持つところにしか実現できなかったが，パソコンの開発と普及により，一般の家庭でも可能になってきた。さまざまなソフトウェアの開発により，パソコン上で児童・生徒が学習できるだけでなく，さまざまなシミュレーション等を自分でおこなうこともできるようになった。

　最近のコンピュータの利用は，このような個別化の流れとともに，また，**インターネット**環境の発達によってユーザー間のつながりが意味をもつようになってきている。たとえば総合的な学習の時間をはじめ，調べ学習において，

世界中から情報を引き出すことが可能になったのをはじめ，必要とする情報をメール等でリクエストすることもできるようになってきている。また各機関がホームページを作成し，あらゆる情報を発信するようになったために，従来の書籍等による情報に比べ，格段に速く直接に引き出せるようになっている。またブラウザ・ソフトの利用により，ホームページの検索が素早くできるようになり，百科事典を引くよりも手軽に幅広くホームページに記載された情報にたどり着くことができるようになった。

　ホームページを通して情報発信が気軽にできるようになったことも大きな変化である。学校のホームページに学習の成果を発表し，広く外部から反応や批評を求めることもおこなわれている。またそのような表現の場としてネットが使われることになり，日常的にしかも直接的に接触できる範囲をはるかに超えて情報発信ができるようになったことの意味は大きいでと思われる。

　また従来限られた表現手段しかもたなかった人々，たとえば障害をもつ人々にとって，コンピュータの利用は，その可能性を大きく開くことに役立っている。コンピュータを内蔵したさまざまな機器とソフトの開発により，これまで埋もれていた才能を開花させ，社会生活への参入の道を開くこととなり，バリア・フリーの社会の推進という意味でも特筆に値すると思われる。

　問題は，ホームページによって発信されている情報のなかに，児童・生徒にとって不適切なものも数多く含まれていることである。さらに意図的に害悪を及ぼすようなネット利用者もいて，まだ未成熟なネット環境ゆえの難しさ・危うさも孕んでいる。安全に利用できる環境を構築することが社会全体として，特に教育関係者にとっての課題といえよう。

　最後に，携帯電話の発展と普及により，中学生でもかなりの割合が携帯端末を持つ時代となった。ユビキタス社会といわれるようになり，そのような環境で子どもたちがどのような可能性を開くのか注目されるところである。　[宮下]

参考文献　松平信久・横須賀薫編『新訂 教育の方法・技術』教育出版，2000
　　　　　　古藤泰弘『情報社会を読み解く』学文社，2004

問題23 マルチメディア教育，遠隔教育の役割と方法について説明せよ

　従来から視聴覚教育という名のもとに，映画，スライド，OHP，テープ，ビデオなど，オーディオ・ヴィジュアルのさまざまなメディアを使用して情報の提示をおこなったり，それらを活用して授業を構成したりする実践と研究が展開されてきた。またそれらを組織的に活用できる施設として視聴覚室やLL教室が各学校に整備されるだけでなく，普通教室にもテレビやスクリーンが備えられ，教科書と黒板に代表される旧来の教授メディアから，その幅を広げる試みが続けられている。

　最近の情報技術の発展によって，教授活動に活用できるメディアの幅はさらに大きく広がっているが，情報がデジタル化されたおかげで，あらゆるメディアを通じて情報をパソコン上で統合することが可能となっている。いまや学習指導に必要な情報をパソコン上で再構成し，提示する情報をあらかじめ準備しておいて，プロジェクターで投影できる環境さえあれば，授業展開に従ってさまざまな視聴覚的資料を手軽に次々と送り出すことができるようになった。

　教授の側面だけでなく，学習の面でもマルチメディア社会の恩恵が受けられるようになったことも大きい。やはりパソコンによるデジタル情報の統合とインターネットの普及による情報取得の容易さが大きな要因である。たとえば総合的な学習において，調べ学習の一環として，インターネットの検索によって世界中の情報を引き出すことはもはや当たり前となった。さらに，手軽に使えるようになったデジタルカメラやデジタルビデオを持ち，取材やインタビューに出かける姿もよくみられるようになった。文字情報に置き換えやすい音声的情報だけでなく，画像情報，それも動画の情報が小学生でも簡単にパソコンに取り込めるようになったのである。学校ではそれらをまとめ，編集して，多彩なプレゼンテーションを作成することも珍しいことではなくなりつつある。文字情報によって学ぶことが主であった学校教育は**マルチメディア**を利用した情報の受容と再構成による学習へと変わりつつあるのである。

また，つなぐことは現代のネット社会の特徴であるが，つながれた両者の間で双方向の情報のやり取りが実現できることの意味は大きい。もちろん通信回線と端末の性能に制約されることは否めないところだが，その点をクリアできれば，リアルタイムできめ細かい双方向のコミュニケーションをすることが可能となっている。遠隔授業はこの仕組みを利用して，よく準備された質の高い授業を場所の制約を受けずに共有する試みといえる。講義的な内容が多くなることは放送教育の場合と同じだが，遠隔授業の場合は出席者からの質問を受けたり，場合によっては教室を超えて討論などをしたりすることも可能である。すでにいくつもの大学において，ネット上に講義科目を開設し，リアルタイムで学習指導をおこない，単位取得ができるシステムが，遠隔教育として実現されてもいる。

　同様に，博物館などからの情報発信もホームページ上に公開された既製のコンテンツにとどまらず，双方向のコミュニケーションのなかで，別の場所にいながら，その施設を訪れて1つ1つの資料についてさまざまな角度から解説を聞いたり質問したりすることができる可能性も開かれつつある。このような例は，バーチャル・リアリティを教育に活用する試みといえる。現実にその場にいることによって得られる多様な情報と比べると，得られる情報には限りがあり，何をやりとりするか情報の送り手によって選択されていることによる制約もかかっている。実体験に基づく教育の重要性が強調されている昨今にあって，マルチメディア教育が解決しなければならない課題が包含されているといえよう。

　多彩なメディアが教育に利用可能になったとしても，多様な情報提示の方法の可能性を考慮し，最適なメディアの組み合わせで教育をつくっていく，そのような力量が教師に求められているのだといえよう。　　　　　　　　　　　　［宮下］

参考文献
松平信久・横須賀薫編『新訂 教育の方法・技術』教育出版，2000
東洋ほか編『新 教育の事典』平凡社，1979

問題 24 ティーム・ティーチングの意義と方法について述べよ

　ティーム・ティーチング（ＴＴ）が教育の一形態として理論化され，実践が試みられた歴史は今から約50年前のアメリカに遡ることができる。もともと，2人以上の教師が協力して特定の生徒集団の指導にあたるというのが，その定義であり，そこには，教師らがティームを組むこと，児童・生徒の集団の編成を柔軟におこなうこと，教材および教育機器の開発，そして教室等の施設の柔軟な利用など，多面的な研究課題を含むものであった。もともとの定義に従えば，複数の学級から成る学年がクラスを超えて指導するさまざまな活動はすでにティーム・ティーチングといえるし，中学校など，教科担任制のもとでの指導はティーム・ティーチングの要素をはじめから含んでいるといえる。

　さまざまな課題として，まずどのように教師がティームを組むか，また誰がリーダーシップを取るかは，ティームが機能するかどうかを決める大きな要素であろう。次に，どのように児童・生徒の集団を編成するのかである。既存の学級のままでいいのか，いくつかの学級をあわせて大きな集団をつくるのか，また学級にこだわらず，新たな集団を編成するのか，可能性はさまざまあろう。そして，教育課程の編成や具体的な授業における目標設定・教材の選定・開発，そして授業案の作成など，教師集団の緊密な連携のもとに綿密な計画が立てられる必要がある。場合によっては，集団の規模や編成の柔軟性に応じた施設面での改善なども必要になる。実際の授業では，その都度の学習の目標を設定し，共有することが徹底される必要があり，教師がどのように指導を分担するかの打ち合わせが必要になる。集団指導か，個別指導か，その組み合わせかなど，バリエーションが豊富なだけに共通理解を形成するための打ち合わせは綿密にする必要があるのである。

　以上のような問題意識を参照しつつ，現在おこなわれているティーム・ティーチングについて考えてみる。多くの課題が現在の問題に通じているなかで，特に強調したいのは教師間の実践の交流についてである。ティーム・

ティーチングは複数の教師で1つの授業を担当するものだが，従来1人の教師が多数の児童・生徒に教えるのが通例であった状況を大きく変えるものと考えられる。もともと小学校であれば学年単位で複数の教師が足並みを揃えながら指導にあたる状況であり，学年のカリキュラムの作成や単元設定，授業の構想などを相談したり，実践の交流を促したりする可能性を含んでいた。少子化の現在，学級数は減少し，アイデアのバラエティは細る一方である。中学校においても学級数の減少は同じ教科の教師の数が減ることを意味しており，実践の交流ははなはだ心もとなくなっている。このような状況で，同じクラスを複数で担当することによって，その子どもたちを対象にどのような授業をおこなうか，どのように展開するかなど，授業の計画を立てる段階から協同で作業をすすめることで，お互いに学ぶ機会を直接的につくり出すことができる。

　方法としては，1人が主となり，もう1人が必要に応じて（特に個別指導のときなどに）加わるような場合，また2人がそれぞれ担当の子どもたちを分かち合い，それぞれが個別指導に当たる場合などが考えられる。また担当する教師の経験や力量によってもそこでの役割は変わってくる。誰が主としてすすめるかはともかく，当然ベテランから若手への知識の移行がはかられ，力量形成という意味をもたせることができるのである。さらに，学校を開く動きのなかで，一般の人に教室で指導してもらうことも盛んになりつつある。これは教師の責任のもとでティーム・ティーチングをおこなうことと考えることができる。このような場合には，学校や教師がもつ知識や技能を超えて，社会生活で現実におこなわれているさまざまな活動から直接に学ぶ機会が得られ，授業の幅を広げるものと期待される。

　学校の現状を考えると，とかく制度にしばられがちになり，ＴＴ担当の教師がおかれると，そのことに制約される傾向すらある。もともとの課題意識に立ち返って，チームを組むことの意義について考えてみるところから始める必要があろう。

[宮下]

参考文献　東洋ほか編『新 教育の事典』平凡社，1979

第4章　学級と集団指導

問題 25　人間形成の場としての学級集団の意義について述べよ

　学級集団の概念　学級集団とは，学校教育を構成する基本的な単位集団である。それは単なる学習集団ではなく，教育する側によって意図された学習目標のもとに強制的に，制度的に組織された集団である。

　集団には，集団維持機能と課題達成機能とがある。学級集団への子どもの参加は，強制的で自由意志による選択の余地のないものであるが，そのような特性をもつ集団から，教師と子どもたちとのコミュニケーションを通してひとりひとりの子どもの心の拠りどころの集団，すなわち**準拠集団**に成長するとき，「**学級づくり**」ができるのであり，集団の存続維持が真の意味で達成される。

　学級集団は，公教育の歴史のなかでは，教科指導上，個別指導よりも効率的であるために構成されたものである。しかし学校教育の発展とともに，学級集団は，単なる教科指導の効率性の観点からだけではなく，子どもの発達や生活指導の観点から，集団が拠りどころとする価値観，目標，集団の成員間の相互作用のあり方，集団の編成方法，集団の指導方法などの諸問題について追求されるようになってきた。

　学習の場としての学級集団の意義　授業は，子どもに対する教師のリーダーシップの程度によって，伝統的な一斉授業や系統的知識の習得を目標とする授業などの「教師主導型」と，**オープン・スクール**のような「子ども主体型」とに区別される。また，学習集団には「**異質集団**」(学習者の諸特性とは関係なく構成される集団)や「**等質集団**」(学習者のある特性が共通なもの同士で構成される集団)がある。学習の場としての学級集団は授業のタイプや集団の特性によって異なる性格のものになり，異なる役割を担うことになる。しかも，それぞれの集団の評価は，評価者の教育観や利害によって分かれる場合も少なくない。たとえば，等質集団の1つである能力別集団は，学習面での指導のしや

すさ，上位集団の成績向上などをあげる報告も多いが，その一方で下位集団の劣等感の助長，萎縮傾向に警告を発する報告もみられる。

　集団で学ぶことの一般的意義として，第1に，全体の目標に対して仲間で一つの課題を達成することの大切さ，喜びを学ぶとともに，個々に課せられた役割を通して責任感を育てること，第2に，行動や考え方を他から学ぶなど，相互啓発できることや，多様な意見，考え方を知ることによって，1人で考えるよりも優れた問題解決が可能になることなどがあげられる。

　人間形成の場としての学級集団の意義　学級集団は，社会学習の場でもあり，重要な人間形成の場でもある。したがって，学級集団は，その集団の規範をクラスの仲間ひとりひとりの行動基準とするような，そして子ども個人が自分の態度や行動をその規範に合わせたいという欲求を主体的に抱くような，準拠集団になることが望ましい。そのためには，成員間の人間関係や居心地のよさなどの，集団の情緒的側面が重要な役割を果たす。最近，教師と子ども，子ども相互の日常的関係性が崩壊し，子どもたちの勝手気ままな行動やいじめや攻撃的行動の横行により，授業が成立しない「**学級崩壊**」が大きな問題となっている。教師は，子どもたちがバラバラな存在ではなく，規律をもった集団のなかの個として，互いが学級を心地よい居場所と感じられるように，学級づくりの「かなめ」の役割を果たさねばならない。子どもたちが教師や仲間との円滑で親密な関係を通して，学級に所属する積極的な意味と喜びを見出すように，コミュニケーションの基盤を構築することは，教師の大事な責務である。

[宮坂]

参考文献　日本教育方法学会編『新しい学校・学級づくりと授業改革』明治図書，1998

問題 26 集団行動の特徴について，次の用語を使って説明せよ
——リーダーシップ，集団凝集性，集団モラール，集団思考

リーダーシップのタイプ　教師にはリーダーシップとしての高い資質が要求される。

リーダーシップには，強引な専制型，無責任な放任型，および民主型がある。専制型のリーダーは，フォロアー（リーダー以外の他のメンバー）の意見や気持ちを尊重せず，リーダー自身の考えをメンバーに押し付けるワンマン型である。放任型は，リーダーとしての役割と責任を果たさないため，集団の目標達成度は最も低い。それに対して，メンバー自身が行動を決定するが，その過程ではリーダーがメンバーの意見を取り入れながら，積極的な役割を果たす民主型は，最も集団の人間関係を円滑にし，個々のメンバーを成長させ，集団の目標を達成できるとされる。したがって，教師は民主型のリーダーとなり，子どものなかにも民主型のリーダーを育ててゆかねばならない。

集団の機能　今日では以上のような従来のタイプ論とは異なる，集団機能とリーダーシップの関係に関する研究が盛んにおこなわれている。

集団の機能には，主として集団維持機能と目標達成機能の２つがある。

集団維持機能とは，集団を維持し，集団のメンバーの欲求を満たす機能である。**学級集団**に関しては，教師と子ども，子ども同士の人間関係を深め，集団のなかで他者を尊重しながら，主体的に活動する体制と雰囲気をつくり出し，維持することが望まれる。教師はひとりひとりの気持ちを理解しながら，学級集団がまとまりをもって活動するためのリーダーの役割を果たさなければならない。目標達成機能とは，集団に課せられた目標を達成する機能である。学級集団は，何よりも学びの場である。学級集団は，ひとりひとりの子どもが授業内容を十分に理解し，明確な目標の下に主体的に学ぶ力をつける場であり，集団の特性を活かしてともに学びあい，考えを深め合う場である。また学級集団は，生活の場でもある。すなわち，子どもたちにとってそれは，狭い意味の学習の場にとどまらず，社会性を身につけ，自己発見をすることを可能にする場

でもある。教師は子どもたちがこのような目標を達成するための活動計画を立て，手続きや方法を決定し，その結果を評価する役割を果たさなければならない。

三隅二不二は，目標達成の次元（P機能，Pはperformance）と集団維持の次元（M機能，Mはgroup maintenance）を強度の差によってそれぞれ2水準に分類して，リーダーシップの4類型（PM, M, p, pm）に基づく**PM理論**を主張した。たとえばPM型（P機能もM機能も高い）のリーダーは，一般に集団の生産性も満足度も高い。このPM理論は教育場面についても検討され，小学校では，M機能，すなわち集団維持の機能の高い教師が教育効果を上げること，学業成績はpm型の場合にもっとも低くなりやすいことなどが明らかにされている。

集団凝集性，モラール　集団の凝集性とは，集団をまとめ，メンバーを集団にとどめて，そこから抜けさせないように作用する力の総体のことである。いいかえれば，集団のもつ魅力の強さである。学級集団については，もちろん高い凝集性をもつことは望ましいが，集団が子どもたちの好みや意志によって構成されているものではないので，他の集団に比べて凝集性は高くないことが多い。しかし，教師は，できるかぎり学級集団の凝集性を高めるためにリーダーシップを発揮しなければならない。民主型のリーダーのもとでの学級集団は，子どもたちにとって凝集性が高い，すなわち学級生活の魅力が高く，友好的でメンバーがしっかり結合しやすいといわれる。凝集性の高い学級集団は，その規範に子どもたちを従わせる力が強い。また，子どもたちが望ましい態度を新たに形成したり，望ましくない態度を改善したり，自己の価値を正当に評価できる場となる。凝集性の高い集団は，集団全体の要求を満たすだけでなく，ひとりひとりの要求も満足させることができるのである。

学級集団は，フォーマル（公式の）集団であるが，時間の経過とともに，学級全体，あるいは一部にインフォーマル（非公式の）集団（子どもたちのなかにできる自然発生的な集団）が形成される。学級集団は，インフォーマルに相互交流する機会が多いほど，凝集性が高くなり，**集団のモラール**も高まる。集団のモラールとは，集団に属していることの帰属感，満足感のことである。子どもたちにとって，学校が楽しい場所であれば，その集団のモラールは高いこ

とになる。教師が民主的なリーダーとして,楽しい学級づくりを実現することによって,集団の凝集性が強まるとともに,集団のモラールも高まるであろう。しかし,集団の凝集性が高まる過程で,集団の要求とは合致しない要求をもつ子どものストレスが強まったり,集団の同質化を阻害する子どもを排除したりする傾向もみられる。いじめなどの問題行動の温床とならない,モラールの高い集団づくりが,学校や教師の重要な課題となっている。

集団思考 集団思考は,集団の重要な教育的意義の1つである。同一の学級集団に属す子どもたちでも,既有の経験や知識などはそれぞれ異なるので,同じ課題についても異なる認知や考え方をする。子どもたちが,授業のなかで互いの考えを出し合い,学びあい,対決することによって,課題を,より深く,より高度に理解し,思考することができる。しかし,集団形態で授業すれば子どもたちの集団思考が展開するというわけではない。集団思考は,教師が主体的,意欲的な学習態度を子どもたちに形成し,発問の工夫などによって,異なる考え方を引き出し,闘わせることによって可能になるであろう。

今日の学校教育には一斉授業の弊害に対する批判として,能力差や個性の違いなどの個に応じた学習を推進する動きが強まっている。反面,学級集団の存在と意義が希薄化し,集団思考が軽視される傾向も目立ち始めていることが懸念される。　　　　　　　　　　　　　　　　　　　　　　　　　　　　[宮坂]

参考文献　吉本均『発問と集団思考の理論(第2版)』明治図書,1995

問題 27　学級内の交友関係の発達的変化について述べよ

初期の交友関係　学級内の交友関係の性格は，子どもの社会性の発達過程を基盤にして変化してゆく。学級は，子どもたちの心理的つながりで結成されるものではなく，フォーマルな強制的，制度的集団なので，入学当初は仲間の相互選択が少なく，互いに孤立している。しかしまもなく，好きな友だち，嫌いな友だち意識が芽生える。すなわち，結合と分離が生じるのであり，そこに自然発生的な集団の形成をみることができる。その場合の友だち意識は，最初，家や座席が近い，通学路が同じ，あるいは母親同士，仲がよいなどの外的，偶然的条件によって生じることが多い。この時期，**学級集団**の構造は「多数分離型」を示しやすい。子どもたちはばらばらで，友だちができてもその交友関係は持続しにくい。また，仲間に加われない**周辺児童**や，**孤立児**が多数を占めている。子どもたち自身，まだ仲間集団の意識も，集団行動に対する自覚ももっておらず，仲間の承認よりも大人の承認を重んじるので，教師の指導や管理が必要となる。

ギャング・エイジ　しかし学年が進むにつれて，友だち関係は，より内面的な特性である性格やフィーリングが合うという理由や，遊びや教科の好みが似ているなどの理由によって形成されるようになる。学級集団は，数個の仲間集団に分離して仲間集団相互に結びつきのない「分団分離型」をなす場合が多い。この型では，仲間集団の内部でも集団間でも融合や対立が頻繁にみられることがあるが，小学校中学年ごろの発達特性を考慮すれば，必ずしも憂慮すべき状態ではない。しかし，教師は，いじめられっ子，孤立児などを生みだすような排斥関係が生じないよう，**リーダーシップ**を発揮すべきである。教師の子どもたちに対する態度が不公平であったり，学級のあたたかい雰囲気づくりに失敗すると，そのような事態を招きやすい。この時期はまた，仲間同士で徒党を組んで遊んだり，冒険をしたり，いたずらをしたりする**ギャング・エイジ**であり，大人の承認よりも仲間のルールや規律を重んじるようになる時期である。子ど

もは遊びを通して，社会性や仲間意識を育てていくのであるが，最近，この発達特性は目立たなくなった。その原因として，遊びの変化や塾通いの傾向，戸外の遊び場の不足などに加えて，子どもたちに，仲間と積極的に深く交わろうとしない者が増えてきたことが考えられる。

思春期　さらに学年が進むと，友人関係はますます内面的共感によって形成されるようになり，親友関係が成立する。小学校高学年以降の学級では，どのようなリーダーが生まれて，どの程度牽引力をもつかによって，集団の結合・分離の様相は異なる。仲良し同士が小集団を結成し，各小集団が接合する「分団結合型」の場合，学級に孤立児や周辺児童はいない。一方，一部の者に人気が集まり，一人または少数の子どもを集団のメンバーの大多数が選択する「一部集中型」では，相互牽引力は弱まる。分団結合型と同様に人間関係が好ましく発達したものに，「学級統一結合型」がある。この型では，クラスに1人あるいは数人の民主的リーダーがいて，学級集団全体がよくまとまって仲良くしている。このように子どもたちの発達とともに，学級内の自然発生的集団の特性は多様化し，必ずしも集団全体が団結して，相互信頼で結ばれるとはかぎらない。その雰囲気は，全体がどんな下位集団に分かれているか，それぞれのグループのリーダーはどのようなパーソナリティをもっているか，下位集団同士の相互関係や全体との関係はどうか，排斥されている子どもはいるか，などによって決まるであろう。学級を子どもたちの健全な交友関係が育つ場，子どもたちが精神的な成長をとげていく場にするためには，教師の学級づくりや子どもたちとの関係づくりが重要な鍵となる。　　　　　　　　　　　　　　　　　　　　　［宮坂］

参考文献　全生研『学級集団づくり入門（新版）』明治図書，1990

問題28 学級における教師と生徒の関係と教師の役割について述べよ

学級における望ましい教師の資質 教師は**学級集団**のリーダーとして，学級の人間関係や子どもの人格や能力の形成，学習意欲に大きな影響を与える。ひとりひとりの子どもたちに対する教師の理解や対応の仕方によって，学級の雰囲気も子どもたちの活動の仕方も違ってくるであろう。

子どもたちからみた望ましい教師像に関しては，さまざまな調査研究がおこなわれてきた。深谷昌志ら（1983）は教師像を①熱心型（熱心に指導するタイプ），②保護型（子どもに対してやさしく面倒を見て，要求は厳しくないタイプ），③管理型（子どもとの関わりは浅く，子どもに対する要求は厳しいタイプ），④放任型（子どもとの関わりは浅く，子どもに対する要求は甘いタイプ）に分類した。この調査（小学校4年～6年を対象に実施）結果によると，小学生は望ましい教師像として，熱心型，保護型を選ぶ傾向があり，管理型を好まない。多様な調査から明らかにされた望ましい教師像は，管理や統制面で厳しさを発揮する教師ではなく，子どもの主体性を尊重する，子どもに，受容・共感的態度をもって接する教師である。この意味で，教師の資質として，**カウンセリング・マインド**が重視される。教師に求められるカウンセリング・マインドとは，教師と子どもとの間にあたたかい信頼関係で結ばれた人間関係をつくる姿勢，態度である。このような精神はカウンセリングの基本であると同時に，教師が子どもに接するときの基本でもある。

授業のなかでの教師と子どもの関係と教師の役割 教師は，子どもとの間に応答的関係をつくり出さねばならない。教師の応答的態度とは，子どもの反応を的確にとらえ，子どもの言うことに耳を傾け（**傾聴**），的確に応えることである。教師の仕事の中核に授業がある。応答的精神は，一般的な教師と生徒の関係として必要なだけでなく，よい授業の条件でもある。

授業のなかでも教師にとって，**生徒理解**が必要であるが，それは，生活指導的側面からだけではなく，学習の指導においても重要な教育活動である。

行動主義的な刺激－反応理論に基づけば，教師または，教育機器の活動は，生徒の行動を適切に制御し，望ましい行動を効率的に習得させること，目標にできるだけ早く正確に到達させることをめざし，生徒の行動修正の適切な方略を決定することである。この場合の生徒理解とは，生徒のその時々の時点での反応，行動の状態，レベル，目標値とのズレの程度を正確に把握することである。一方，認知心理学的観点からみた，授業場面での生徒理解とは，生徒の認知構造，既有知識についての的確な把握から出発することを意味している。さらに，授業での教師の仕事は，どのような条件が生徒に対して学習の動機を高めてゆくことになるのかを予測し，適切に動機づけること，生徒が知識を十分に理解する，問題解決をするなどの学習目標を達成するために，どこでどんな援助をすればよいのかを決定し，実行することである。学習の支援者としての教師は，子どもの学習上のつまずきを分析し，理解し，解決の方針を学習の主体である子どもとともに求めていくことによって，子どもの分かりたいという要求に応えねばならない。

教師と生徒の対話的関係　伝統的な教育観に基づいた教師と生徒との関係は，教育の専門家，人生の先輩である教師と，未成熟な生徒との間には明らかな成熟上の落差があることを前提として，教師が一方的に生徒を指導する，知識を伝授する関係であった。しかし近年，教師と生徒との関係を「社会的相互作用」あるいは「相互主体性」の文脈でとらえる傾向が主流になりつつある。すなわち，この見解では，教師と生徒の関係を，大人と子ども，教師と生徒という上下関係で考えるのでなく，子どもの主体性を認めて，教師と子どもたちとの対話によって，授業の共同構築を実践することの重要性が強調されている。

〔宮坂〕

参考文献　市川伸一編著『学習を支える認知カウンセリング：心理学と教育の新たな接点』ブレーン出版，1993

問題 29

対人関係測定法を，次の各方法について説明せよ——行動観察法，ソシオメトリック・テスト，ゲス・フー・テスト，グループ・ダイナミックス

対人関係測定法 集団の心理的構造は，牽引や反発などの感情構造や，成員間の支配関係に関する勢力構造，成員間のコミュニケーション構造など，さまざまな次元で研究されている。

行動観察法は，社会心理学や臨床心理学の研究で用いられている基本的な対人関係の分析手段である。

対人関係の研究の提唱者は，**ソシオメトリー**（sociometry）を 1934 年に創始したことで知られる**モレノ**（Moreno, J. L.）であるといわれる。ソシオメトリーとは集団の心理的な構造を，選択，排斥などの対人関係について分析し，体系化した理論である。ソシオメトリーにおける技法として開発されたのが**ソシオメトリック・テスト**（sociometric test）である。またソシオメトリック・テストのデータを補うものとして，**ゲス・フー・テスト**（guess-who test）がある。

グループ・ダイナミックス（group dynamics）は，**レヴィン**（Lewin, K.）が 1939 年に執筆した論文のなかではじめて用いた用語であり，集団力学と訳される。この用語は，集団行動に関する研究技術という意味から社会科学の一分野をさす場合まで，多様な概念で使用されている。

行動観察法 対象を客観的にみつめ，集団の行動特性を診断しようとする方法である。観察の方法は，一般に，自然観察法と，実験観察法に分けることができる。

自然観察法とは，乳児や幼稚園，**学級集団**における子どもたちの様子などの研究対象を，何かの操作を加えずに，ありのままに観察するものである。

実験観察法は，研究目的に基づいて諸条件を統制し，人為的に引き起こした特定の行動を観察する方法である。いずれの場合でも，観察をおこなうにあたっては，明確な観察目的を設定し，何を観察し，どのような判断基準を適用するのか，観察結果をどのように記録するのかについて，あらかじめ決めておかなければならない。

ソシオメトリック・テスト　ソシオメトリーの代表的な技法であり，単なるテストや調査とは異なる。集団における対人関係，集団全体の構造を測定・診断し，集団の成員が満足感をもって過ごせるように，改善，治療の手がかりを得る目的でおこなわれる。まず，集団の成員全員に対して，ある選択基準を示したうえで，その所属集団のなかで誰を相手として選択するか，誰を選択したくないかを調査する。たとえば，「グループに分かれて課題を学習するとしたら，誰と一緒のグループに入りたいか」とか，「席替えしたら，誰の隣になりたいか」というように，たずねるのである。その結果は，**マトリックス**（ソシオマトリックス）や**ソシオグラム**に示される。マトリックスは，集団の成員名を方眼紙の縦と横に並べて，横行に選択者（選択・排斥をおこなう者），縦列に被選択・被排斥者として選択・排斥関係を書き入れた表である。ソシオグラムはソシオメトリック・テストの結果，明らかになった選択・排斥関係を図示したものである。これは集団の構造や対人関係を視覚的にとらえる目的で活用される。調査結果から，集団の凝集性や，下位集団の大きさや勢力，下位集団間の人間関係，集団内の個人の地位などが明らかになる。集団内で多く選択され，排斥されることが少ない者を「**社会測定的地位**」が高いという。

ゲス・フー・テスト　1929年に，**ハーツホーン**（Hartshorne, H.）らによって考案されたもので，人物推定法と訳される。集団の成員のなかであるモデルにもっともあてはまる人物を指名させて，その指名数の総和によって，各人の行動や性格を総体的にとらえる目的をもつ。このテストでは，たとえば，「クラスで一番親切な者は誰か」などと質問し，もっともよく当てはまる成員名を記入させ，その結果を得点化する方法をとる。子どもたちの関係や性格・行動特性について，教師の立場からは分かりにくい側面を知る手がかりになるが，クラス内の生徒たちが相互に評定するため，望ましくない性格や行動傾向をもつと思う者を記入させる場合，検査後の心理的影響や集団の雰囲気の変化には特に留意しなければならない。

グループ・ダイナミックス　レヴィンは，**場の理論**に基づいて，集団の性質や，集団と集団の関係，集団と個人など，集団の複雑な行動の実験的，実証的研究をおこない，そこから得られた一般的法則を用いて，集団に関する諸問題

の解決をめざした。場の理論とは，全体の場で働く力が，その場におけるさまざまな事象のあらわれ方を規定するというものである。この理論によれば，集団はひとつの力学的全体であり，集団内の各部分の特性は，他の部分との相互関係によって決まる。したがって，集団における個々の行動を理解するには，集団の特性を明らかにしなければならない。**グループ・ダイナミックス**は，この理論を背景にして，集団凝集性，集団における変化，相互依存性，などの集団の諸特性を客観的に観察し，その一般法則を導き出す基礎的な研究手段となるとともに，集団場面に働く諸要因を実験的に操作する方法・技術などを使って現実の社会生活の改善をめざす応用実践的方法でもある。後者のための代表的な方法として，研究と実践との統合をめざす**アクション・リサーチ**（action research）がある。今日，この方法は，学級集団づくりや指導法の改善などの教育実践上のさまざまな課題に関して，活用されている。その過程では，①解決すべき問題を明らかにする，②そのための具体的目標に到達するための仮説を立てる，③この仮説に基づいて改善策を講じ，その具体的過程の記録をとる，④目標が，対策によってどの程度達成されたか，活動前の状態と目標実現値との関係を推定する，⑤この仮説を他の場面に適用し，検証を重ねる，という手続きが踏まれる。この方法では課題に直面している教師などの当事者自身が主体的に改善のための研究に参加し，活動し，参加者自身が変化していくことが期待されている。

［宮坂］

参考文献 南風原朝和・市川伸一・下山晴彦編『心理学研究法入門：調査・実験から実践まで』東京大学出版会，2001

第5章　人格と適応

問題 30　主要な人格理論（類型論と特性論）について説明せよ

　人格をパーソナリティの訳語とみなすと，アメリカの代表的な人格心理学者**オールポート**（Allport, G. W.）によれば，「人格とは個人の内部にあって，その個人に特徴的な行動や思考を決定する心理物理的体系の力学的体制」と定義される。一般的に人格の概念は，環境に対する適応機能の全体的特徴をさし，知能や価値観，興味などを含めた，性格より広い概念であると考えられる。人格をこのようにとらえた場合，性格（character）は，知能や価値観などを含まない人格の下位概念であり，感情や意志の比較的恒常的な反応の総体とされる。しかし，欧米ではキャラクターということばはあまり使われないため，**パーソナリティ**（人格）ということばを上記の性格の意味で使うことが少なくない。ここでは，人格理論を，性格に関する理論として，性格の類型論と特性論について説明する。

　性格の類型論　性格の研究には，大別して類型論と特性論との2つの異なるアプローチ，立場がある。類型論は，一定の観点から典型的な型を決定し，それによって多様な性格を分類して，性格を理解しようとするものであり，古くはギリシャ時代から試みられてきた。類型の基準を，身体的，体質的特徴に求める立場や心理的特徴に求める立場などがあり，前者の代表的な例として**クレッチマー**（Kretschmer, E.）や**シェルドン**（Sheldon, W. H.），後者の代表的な例として**シュプランガー**（Spranger, E.）や**ユング**（Jung, C. G.）などがあげられる。

　1920年代に提起されたドイツのクレッチマーによる類型論は，精神医学や心理学に大きな影響を与えてきた。クレッチマーは，精神医学者としての臨床上の経験から，体格と精神病，性格（気質）との間の一定の関連に着目して，細身型の体格に精神分裂病（現在，統合失調症と呼ばれる）が多く，肥満型の体格にそううつ病が多いこと，体格との関連はそれらの病前気質にも見いださ

れることを明らかにした。のちに，粘着気質とがっちりとした闘士型の体格との関連も見いだされ，これと癲癇との関連が指摘された。

クレッチマーによれば，それぞれの気質は次のように特徴づけられる。

分裂気質（非社交的，静か，内気，生真面目，用心深い，ユーモアがない，変わり者）

そううつ気質（社交的，善良，親切，暖かみがある，高揚した気分と沈うつな気分が交互に現れる，またはその一方が強く現れる）

粘着気質（几帳面，ひとつのことに執着する，まわりくどい，頑固，礼儀正しいが，ときに爆発的に怒り，非常に興奮することがある）

また，スイスの著名な精神医学者ユングは，**リビドー**（心的エネルギー）が主として外部に向かうか，内部に向かうかによって，**外向型**，**内向型**に分類した。その分け方は，今日では性格を表わす日常語として定着している。外向型，内向型の主要な特徴は，次の通りである。

外向型（情緒の表出が自由で社交的，気分が変わりやすい，常識的，決断力がある，交際範囲は広い）

内向型（情緒の表出は控え目，気分の変化は少ない，思慮深い，交際範囲は狭い）

類型論には，いろいろな立場からのさまざまな提案がみられるが，その方法は，概して，個人の性格の全体像を直観的に理解するのに便利である。しかし，その半面，性格を固定的，静態的にとらえてしまいがちである。またそれは，多様な性格を少数のタイプに分類するために，中間型や移行型を落としやすい。

性格の特性論　特性の代表的理論家は，アメリカの心理学者オールポートである。特性とは，個人の一貫した一定の行動傾向であり，性格の基本的なものである。特性論の考え方は，ある性格特性の個人差が程度の問題で，質の問題ではないとするものである。たとえば神経質とか支配性などの特性は，すべての人にある程度共通にみられるもので，個人によって量的な差があるにすぎないと考えられる。今日の性格特性論では，基本的特性の抽出に，**因子分析**の方法が用いられている。**キャッテル**（Cattell, R. B.）は特性の構造を，表面特性と根源特性から決定した。表面特性とは，外部から観察可能な行動の諸特徴の集

まりであり，さらにそれらの因子分析によって根源特性が抽出される。こうしてキャッテルによって見いだされた根源特性は，支配性・優越性 – 服従性，そううつ気質 – 分裂気質，積極的性格 – 消極的性格など，12個（のちに16個）から成り立ち，性格はこれらの特性から構成されるとみなされた。

性格を総合的，質的にとらえようとする類型論に対して，特性論は，分析的，量的にとらえようとする研究方法であり，個人間の性格特性の比較を容易にするものである。また個人の性格を特性の項目によって評定し，結果を図のようにプロフィールに表すと，その人の性格の詳細が把握できる。

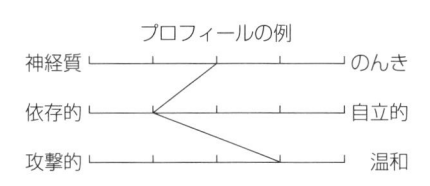

しかし，因子分析の基になる個々の行動特徴が性格特性を，適切に網羅しているかどうかは問題である。研究者たちが因子分析法によって抽出した基本的特性も最終的一致が得られていない。また，特性論にはパーソナリティの発達が視点に据えられておらず，プロフィールで表された測定結果も断片的，並列的で，個人の性格の全体像を明確にとらえにくい。

［宮坂］

参考文献 本明寛ほか編『性格心理学新講座Ⅰ』金子書房，1989

問題 31 性格形成の社会的・文化的要因（親の養育態度，文化の型などの要因）について述べよ

　性格の発達には，社会的・文化的要因や，家庭環境などのさまざまな環境要因が，大きな影響を与える。性格形成に及ぼす主要な社会的・文化的要因として，次のようなものが考えられる。

　① 親，家族環境（親の養育態度，育児方法，教育的・文化的水準，社会的地位，社会的階層，家族関係）
　② 子どもの仲間集団，学級集団
　③ 居住地域の社会・文化的要因
　④ メディア，ゲームの役割

　① **親，家族環境**　人間の子どもは，家族の人間関係のなかで誕生し，育っていく。特に**初期経験**がその後の発達に及ぼす影響は，**ホスピタリズム**，**マターナル・デプリヴェーション**（問題11参照）などの現象からも明らかである。親の育児に対する態度やしつけの仕方が，子どもの性格形成に及ぼす影響については，さまざまな調査研究がある。**サイモンズ**（Symonds, P. M.）は，母親の子どもに対する態度を支配-服従と保護-拒否の二次元の座標上に位置づけて，その態度と子どもの性格との関係を分析した。その結果，母親の態度は，過干渉（支配的，かつ保護的である場合），溺愛（服従的，かつ保護的である場合），残酷（支配的，かつ拒否的である場合），無関心（服従的，かつ拒否的な場合）の4タイプに分類された。それぞれの態度と子どもの性格との関連をみると，たとえば過干渉型の親からは，幼児的，依存的，無関心型からは攻撃的な子どもになる傾向が観察された。このほか，子どもの意志を尊重するか，子どもの行動に対する制限や罰は厳しいか，などの次元の組合せによって親の態度を表したもの，民主的な親か，専制的な親か，両親が平等に責任を分担して子どものしつけにあたるか，などを診断するものなど，さまざまな視点から，親の養育態度，家庭の雰囲気と子どもの性格の関連性が調査研究されてきている。また，子どもの性格は，出生順位や兄弟の数，夫婦関係や嫁-姑関係などの家族

関係や親の期待内容によっても影響を受ける。特に今日では，母親の態度と子どもの性格との関係に関する研究だけでなく，子育てにおける父親の役割に注目した研究の必要性が強調されてきている。近年，親による子どもの虐待も深刻化しており，それが子どもの心身の発達に重大な影響をもたらしている事実も報告されている。その原因は，親自身の抱えている問題のはけ口を子どもに求める場合や，親自身が子ども時代に虐待を受けた経験を我が子に対して繰り返す場合（虐待の連鎖）などさまざまであり，家庭内での解決が困難な場合も少なくない。

② **子どもの仲間集団，学級集団**　子どもの生活において，小学校中学年ぐらいから，準拠対象としての仲間集団の比重が増していき，いわゆる**ギャング・エイジ**の時期から青年期にかけて，家族よりも友人仲間に準拠する者が多くなる。したがって仲間集団，学級集団のなかでの地位，所属集団から受ける承認，拒否などが子どもの性格形成，問題行動などに大きな影響をもたらす。

③ **居住地域の社会・文化的要因**　人間は自分が育ち，生活している集団や社会の文化的環境によって異なる性格傾向をもつようになる。社会の成員としての個人は，その社会の必要に適応した性格を身につけていくのである。社会心理学者**フロム**（Fromm, E.）は，性格形成に社会体制が重要な要因となると考えて，所属集団に共通にみられる性格を**社会的性格**と名づけた。また，**レヴィン**（Lewin, K.）は，アメリカ人とドイツ人の国民性について，前者を解放的，後者を閉鎖的とみなした。アメリカ人は，ある程度までは容易に親しくなるが，きわめて親密になるには通過しにくい一線を越えなければならないのに対して，ドイツ人は，なかなか親しくなれず，通過しにくい境界がかなり表層にあるが，それを越えれば非常に親密になれるというのである。

社会的性格の違いは，その社会の文化で期待される人間像，宗教観，階層などに規定され，それらの性格は基本的習慣やしつけ方に基づいて形成される。たとえばある文化では，競争が重視され，別の文化では争いに勝つことよりも協同の行動が尊重されるが，それぞれの行動型は，家庭生活，学校や仲間集団のなかで，形成されていくのである。さらに各社会における親たちの「よい子」イメージの違い，子どもに期待する性格の違いが子育てに影響を与える。

アメリカの母親は，社会的な独立性を子どもに期待する傾向があるのに対し，日本の母親は他人に迷惑をかけず，規則を守る，などの公共心や，基本的な習慣に従うことを子どもに求めているという調査結果が明らかにされている。アメリカの母親は，乳児が眠ればそこからすぐ離れるのに対し，日本の母親は乳児に長時間寄り添うといった育児の違いは，以上のような発達期待の違いと密接に関連していると思われる。

④ **メディア・ゲームの役割** 今や日常生活の一部となったテレビの長時間視聴が子どもの性格形成に及ぼす影響については多くの親や保育・教育者たちが強い関心をもっている。幼児期の長時間視聴と対人関係のまずさ，自閉的症状などと密接な関係があるという調査結果も少なくないが，両者の間に直接的な因果関係があるかどうかは明らかではなく，親との応答的関係が成立していない環境要因も絡んでいるとも考えられる。ここでいう応答性とは，親が子どもの要求に的確に応えてやるような態度であり，応答的環境のなかで育った子どもは，自分が環境に好ましい変化をもたらすことができるという効力感を形成するのである。また**バンデュラ**(Bandura, A.)は，映画の攻撃的場面の視聴が子どもの攻撃的行動を高めることを確かめている。このようにテレビやゲームが提供するさまざまな場面が子どもの性格形成に及ぼす効果や，仮想現実の体験と現実との関係についての子どもの認識，ゲームをしているときに働く脳の部位，「キレやすさ」とゲームとの関係など，検討すべき課題はきわめて多い。

[宮坂]

参考文献 東洋『日本人のしつけと教育』東京大学出版会，1994

第5章 人格と適応

問題32 フロイトの性格構造論について述べよ

20世紀前半に活躍した**フロイト**（Freud, S.）は，**無意識**の過程を中心的概念に据えた**精神分析学**の創始者である。その理論は，今日なお臨床心理学や精神医学などに大きな影響を与えている。フロイトは，心の世界を氷山にたとえて，水面から外に現れている小さな部分を意識（現在の意識や認識），水面すれすれの部分を**前意識**（普段は忘れているが，思い出そうと思えば意識の水準に引き出せる心の場所），水面下にある著しく広大な部分を無意識の部分（意識には隠されている心理的過程でありながら，思考や行動に影響する本能的衝動，願望，欲求など）とした。さらに，構造的観点から，**イド**，**自我**，**超自我**の相互に関連しあう3つの層に分けた。

イド（id）――ドイツ語でエスともいわれ，それ，という第三者をさす言葉である。フロイトは心の内部にありながら，人の心を支配する，意のままにならない存在という意味でこの言葉を使った。イドは，パーソナリティの原始的，生得的なもの，最も基本的な生物学的，本能的，欲動的，無意識的なものであり，心的エネルギーの源泉である。フロイトはその源泉を**リビドー**（もともとはラテン語で肉欲という意味で性的衝動のこと）に求めたが，後に人間は攻撃的，破壊的本能ももつとみなして，性的本能あるいは生の本能と，破壊あるいは死の本能の2つの本能から成っていると考えるようになった。イドは，このような内的衝動を満たし，欲求を解消しようとする。その過程を支配する法則は快楽原則であり，快楽原則に支配されている場合は，外界の現実を無視して，快楽を求め，苦痛を避ける行動のみにとどまる。

自我（ego）――新生児のパーソナリティはもっぱらイドに支配されているが，現実の世界のなかで抑制や干渉を受けることによって，自我が次第に分化してゆく。子どもは自分の衝動が常に直ちに満たされない場面にしばしば直面する。たとえば，食べたいという食欲は食べ物を誰かが与えてくれるまでは満たされないし，誰かを叩きたいと思って叩けば罰が与えられてしまう。このようなな

かで，子どもには自我が発達してゆく。

自我とはパーソナリティの主体であり，外界の現実の要請を受けてイドを支配し，**現実原則**に従って機能する。現実原則は，快楽原則に基づく行動をいったん停止し，適切な状況になるまで，その欲求の満足を延期することを目標とする。自我は，イド，外界の現実，超自我という三者それぞれの要求の調整役を果たさなければならない。

超自我 (super ego)——社会の価値観，個人の道徳律であり，行動の善悪を判断するはたらきをするものである。超自我はその社会に存在する価値体系が，両親のしつけや社会の要求を通して，子どもの内部に取り入れられて形成された良心であり，自我が内的に分化して成立したものである。子どもは，どのような場合にどのように行動すべきか，どんな人になるべきかについての他者の考えを，自分のものとして内面化しながら，超自我を発達させてゆく。超自我は，自分の行動に対する反省や批判，理想の形成にかかわっており，それにそむけば，罪悪感や恥などの感情が生じる。それはまたイドと対立し，本能的欲求や衝動を禁止するようにはたらく。しかし，超自我が強すぎると自分の行動を過度に点検せずにはいられない「**強迫神経症**」（絶えず気になり，心から取り除くことができない観念で悩む神経症）や，うつ状態に陥りやすくなる。

フロイトの精神分析的パーソナリティ理論の特徴は，精神力動的（人間の行動を目的志向的動機のシステムであるとみなす考え方）な性格のものとみなして，それが発達的に形成されるものと考えたこと，特に乳幼児期の意義を重視したことにある。この理論では，精神的に健康な状態に育つということは，自我が強化され，精神の主体になり，イド，現実，超自我の要求をうまく調整し，それぞれを満足させてゆけるような柔軟性をもつようになることと考えられている。

［宮坂］

参考文献 小此木啓吾・馬場謙一編『フロイト精神分析入門』有斐閣，1977

第5章 人格と適応

問題 33 欲求不満とコンフリクト，適応（防衛）機制について説明せよ

欲求不満（フラストレーション）とコンフリクト，適応（防衛）機制 人間は絶えず欲求不満や葛藤状態を経験しながら，それをさまざまな形で乗り越えて，そのパーソナリティを形成してゆく。欲求を満たすことは適応過程の基本的条件であるが，いつも満たされるわけではない。むしろ欲求は妨害され，思い通りにはいかないことの方が多いものである。欲求が阻止され，心が緊張状態におかれる原因には，お金がなくて，買いたいものが買えない，越えられない山があるなど，外的環境によるものと，本人自身の能力不足や身体的状況，心理的側面などの内的条件によるものとがある。

また，2つ以上の欲求が同時に生じて，そのうちの1つの欲求を満たせば，他の欲求を妨害することになるような状態を**コンフリクト**（葛藤）という。葛藤状態が解決されずに続くと情動に混乱をもたらし，深刻な適応障害を起こすこともある。

自我が発達してくると，**イド**（パーソナリティの原始的部分で，本能的欲求や衝動の欲求を満たそうとする）の欲求は現実から許容されず，超自我（形成された良心）とも相容れないので，人はしばしばそれを無意識のなかに閉じ込めてしまう。それを「**抑圧**」といい，最も基本的な**適応機制**である。適応機制とは，フラストレーションの状態に陥ったときに不安定な自我を守り，適応しようとするためのほとんど無意識的な方略であり，不安によって生じる自我の崩壊を防ぐという意味から，防衛機制ともいう。

コンフリクト（葛藤） レヴィン（Lewin, K.）はこの概念を心理的誘意性（惹きつける力）に基づいて説明し，次の3種類の型に分類した。①接近－接近型（2つの正の誘意性にはさまれて悩む場合である。たとえば，英語の試験でも数学の試験でもよい点を取りたいが，試験日まで時間が限られているのでどちらか一方しか準備できないと悩む。）②回避－回避型（2つの負の誘意性の間で悩む場合である。たとえば，勉強をしたくないが，そのために親や先生に叱ら

れるのもいやだと悩む。)③接近‐回避型（正の誘意性と負の誘意性の間で悩む場合である。たとえば，ある学校に入学したいが，難関入試は受けたくないと悩む。)

適応（防衛）機制　抑圧以外の適応（防衛）機制の主なものとして次のものがあげられる。

①**合理化**——自分の行動の背景にある動機（自責，罪悪感その他の葛藤）を隠して，もっともらしい理由で正当化することである。イソップ物語でキツネが取れなかったぶどうを，あれはすっぱいからいらないといったのは，その例である。

②**同一化**——有名な人や施設などの特徴を自己に取り入れ，自分のものと合成する。一般に男の子は父親と，女の子は母親と同一化しやすい。

③**退行**——「子ども返り」の状態で，ある脅威に対して発達の初期に戻る。

④**逃避**——苦しい現状から心理的に逃げる。病気や空想への逃避や，家庭が嫌で遊び歩くなどは逃避の一種である。

⑤**投射（投影）**——自分の要求や衝動，弱点を認めると不安が生じるので，それを他の人や物に転嫁する働きである。たとえば，自分がその部下を嫌いなのに，部下が上司である自分を嫌っていると思うのは，投射である。

⑥**補償**——劣等感や弱点を達成しやすい方向に補うこと。勉強の苦手な子がスポーツで頑張るのは補償である。

⑦**反動形成**——正反対の動機を強く表現して，本来の動機を自分にも隠すこと。劣等感のある人が威張り散らすのは，反動形成と考えられる。

⑧**昇華**——スポーツや芸術活動が，攻撃性や性的欲求のはけ口とされるなど，抑圧された衝動を社会的に認められる望ましい目標で発散させること。

⑨**置き換え**——ある形では満たされない感情を別の危険の少ない対象に向けて放出すること。　　　　　　　　　　　　　　　　　　　　　　　［宮坂］

参考文献　フロイト，A.（外林大作訳）『自我と防衛』誠信書房，1994

第5章 人格と適応

問題 34　マズローの欲求の階層構造論を説明せよ

人間学的心理学者としてのマズロー　アメリカの**マズロー**（Maslow, A.）は，クライエント中心療法のカウンセリングの創始者**ロジャーズ**（Rogers, C.）とともに，1960年代に提唱された**人間学的心理学**（Humanistic Psychology）の代表的理論家である。この心理学は，精神分析理論と行動主義理論に代わる第三の勢力となった。その主張によれば，精神分析理論は非合理的，破壊的な本能を重視し，行動主義理論は行動における外的な要因を重視しており，その人自身の主観的世界観，自己認知を内側から理解しようとしていない。**パーソナリティ**は，単なる部分の総合ではなく，個人的，私的体験が統合されたものであり，しかも自己実現に向かって自発的に努力する性質をもつものと考えるべきである。人間学的心理学は，このような立場から，心理学の目的を，人間が建設的で創造的な可能性をもつ，基本的に善なる存在であるという前提に立って人間を理解することとしている。したがって，マズローは，精神的健康の基準についても，自我を制御する力や環境に対する適応力だけでなく，精神的成長と自己実現を含めるべきであると主張している。

マズローの欲求の階層構造論　マズローは，人間学的アプローチに基づいて，**欲求の階層構造論**を提唱し，人間の行動の動機づけについて独自の理論を展開した。

欲求の階層構造論は，人間の欲求が，基本的な低次の欲求から，より高次の複雑な欲求に至る段階的構造をなしており，高次の欲求は，より低次の欲求が満たされて初めて意味をもつとする考えに基づいている。

低次の欲求は，他の動物と同様に生きていくためには欠かせないものに対する欲求で，**基層的欲求**と呼ばれる。この欲求は身体的，心的平衡を保つために満たされなければならないので欠乏欲求ともいわれる。この欲求の底辺，すなわち第1段階には，食物，水などへの生理的欲求が位置づけられる。第2の層には安全への欲求が位置づけられる。安全への欲求には安心，安定を求め，危

険にさらされないことを求める欲求が含まれる。このような欲求が満たされると，次には第3の層，すなわち所属と愛情への欲求の充足が求められる。この欲求には家族，友人，恋人などの愛情を求め，他者との親密な人間関係を求めることや，集団，組織から受け入れられ，所属することなどが含まれる。第4の層には自尊への欲求が位置づけられる。これは，自己を重んじ，他人の評価と承認を得る欲求である。以上の欲求は第一水準の欲求が充足されると，次の水準の欲求の充足が求められるというように，人間の基本的な欲求の優先性にしたがって位置づけられたものである。このような基層的欲求は，次にあげる高次の欲求よりもいかなる場合でも優勢である。食料や住環境の安全が確保できない社会では，科学や芸術の発展は望めないのである。

　高次の欲求は，メタニーズ，あるいは**成長欲求**と呼ばれる。それは欲求の階層の頂点に位置し，**自己実現欲求**と呼ばれるもので，自分の潜在的可能性，才能を発揮しようとする欲求，正義，善，美，統一などに対して真剣に追求する欲求のことである。

自己実現者の特徴　欲求の階層構造論においては，人間の欲求が，欠乏欲求の最も基本的なものを底辺として，自己実現欲求を頂点とするヒエラルキーを形成すると考えられている。さらに，マズローは，自己実現を達成できた人はどういう人なのかを研究し，その特徴を明らかにしようとした。その特徴として，たとえば，現実を的確にとらえ，あいまいさ，不確定さに耐えられること，自分や他者をあるがままに受容できること，思考や行動が自発的で，非常に創造性豊かであること，深い社会的関心をもち，人生を客観的な見地からみることができること，などをあげている。

〔宮坂〕

参考文献　マズロー，A.H.（小口忠彦訳）『人間性の心理学』産業能率大学出版部，1991

問題 35 性格理解の方法について，面接法，質問紙法，作業検査法，投影法に分けて説明せよ

面接法　面接は，性格を理解するための基本的な方法として，臨床場面でもっともよく用いられている。他のさまざまな性格診断法が人間を断片的，一面的にしかとらえられない場合が多いのに対して，面接法は，人間の全体像をとらえることができる。

　面接の形式には，間接法と直接法がある。間接法は，被面接者が自由に語る形式を基本とするもので，自然な会話のなかで予想外の発言や考え方，意識の深層を引き出せる場合も少なくない。ただし，このような面接が成功するには，カウンセリングの場面と同様に，面接者と被面接者との間に**ラポール**（あたたかい感情交流）がつくられることが前提となる。一方，直接法は，性格特徴や考え方，関心の内容などを質問形式で尋ね，その応答の仕方や内容から性格を理解する方法である。この方法は入試など，限られた時間内に性格をある程度理解するために用いられる。

質問紙法　被検者が，性格特性を表わす質問項目に，「はい」「いいえ」「どちらともいえない」などの回答形式で答えさせる方法で，性格検査のなかで最も種類の多く，応用範囲の広いものである。実施が容易で，診断結果の処理が客観的におこなわれ，多くの被検者を同時に検査できるので，もっともよく利用されている。主な質問紙法として，特性論に基づく**YG**（**矢田部・ギルフォード性格検査**），類型論に基づく**MPI**（**モーズレイ人格目録**），精神医学的基盤による**MMPI**（**ミネソタ多面人格目録**）などがある。このうち，YG性格検査は，6因子12種の性格特性を120項目の質問によって診断し，結果を5つの類型で示すもので，特に社会的適応性の診断を重視している。また，MMPIは，精神病患者と正常者との判別を目的としてつくられたが，現在は臨床心理学の分野でも広く利用されている。これは，態度，情緒的反応，身体的・心理的症状，職業・教育などの経験に関する質問など，550もの質問項目から構成されている検査である。

質問紙法は実施や結果の処理が容易ではあるが，問題点や限界もある。この方法は被検者の自己評定であるため，無意識的な自己防衛の機能がはたらいて回答を歪曲したり，意識的に嘘をついたりする場合もある。また回答者が幼いなど，何らかの原因で，質問に回答する能力がない場合や，質問が多義的で，回答者によってその解釈が異なる場合もあり，回答結果の信頼性が常に高いとはいえない。

　作業検査法　被検者に一定の作業をさせて，その作業の過程や結果から性格を診断する方法である。この方法は，被検者にとって検査目的がよくわからないため，自己防衛的になることが少ない。**内田クレペリン精神作業検査**はこの検査法の代表的なものであり，臨床場面のほか，企業の入社試験や適性検査などによく使用されている。この検査は，1桁の数字が横に91字，縦に34行並んでいる用紙を使い，1行につき1分間ずつ，前半15分，後半15分，間に5分間休憩を挟んで連続加算作業をさせる方法である。結果は，作業の経過，作業曲線，作業量，誤答数などの分析結果から診断される。正常者の作業曲線の一般的傾向は，前半，後半ともに最初の1分間の作業量が最大（初頭努力という）で，以後ゆるやかに低下する。しかし前半では作業が終わりに近づくにつれて上昇する。この結果が正常である者は，新しい作業にすぐに慣れて，事故や失敗が少ない。ただし，作業検査法はパーソナリティを多面的にとらえることはできず，主に意志面の診断に使用される。

　投影法　あいまいな刺激を提示し，その反応経過や結果から，被検者の無意識の願望や動機，葛藤など，心の奥深いところにあるものまで含めた性格を診断する方法である。代表的な投影法には，**ロールシャッハ・テスト**や**TAT**（絵画統覚検査），**PFスタディ**（絵画フラストレーションテスト）などがある。

　ロールシャッハ・テストは，スイスの**ロールシャッハ**（Rorschach, H.）が作成した検査であり，世界各国で広く利用されている。これは，左右対称のインクのしみでできた図形カード10枚（図①参照）を被検者に提示し，刺激が何に見えるかを言わせるもので，知的側面，情緒的側面，自我機能，人間関係などについて診断される。

　TATは，マレー（Murray, H. A.）らによって考案されたものである。この検

図①

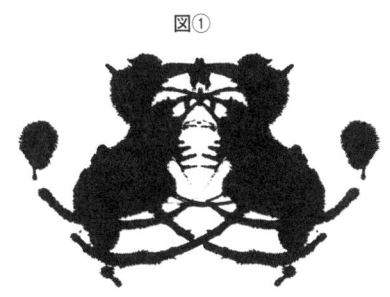

何に見える?(ロールシャッハ)

図②

PFスタディ児童用

秦一士著『PFスタディの理論と実際』
北大路書房,1993,p.13より作成

査は,被検者に人物を含む状況を描いたあいまいな絵について物語をつくるように求めて,その結果から被検者の性格を推論するものである。被検者が語った物語から,個人の心の中の要求,抑圧や,人間関係,葛藤などがとらえられる。

　PFスタディは,**ローゼンツワイク**(Rosenzweig, S.)によって考案され,欲求不満の事態が描かれた絵を被検者に見せて,その対処の仕方を書き込ませるものである(図②参照)。この検査では不満反応を,攻撃の方向(外罰,内罰,無罰)と反応の型(障害を指摘する障害優位型,自我を強調する自我防禦型,問題解決を重視する要求固執型)について診断する。

　投影法は被検者に自由に反応させて,その全体的,力動的過程を考察するので,被検者のパーソナリティの構造を,無意識的な領域まで深く多面的に診断することができる。しかし,判定基準が十分に確立しておらず,客観的採点が困難なため,主観的判断に頼らざるをえない点が最大の問題である。　[宮坂]

参考文献　伊藤隆二・松原達哉『心理テスト入門(新訂増補)』日本文化科学社,1989

問題 36　次の不適応行動について説明せよ——非行，いじめ，暴力行為

　学校における生徒指導，教育相談などは，適応上の問題をかかえた生徒の**反社会的行動**や**非社会的行動**などの不適応行動に対応することが重要な目的の1つである。反社会的行動とは，**非行**，**いじめ**，**暴力行為**などのように，法律や社会の慣習，ルールなどの一定の社会規範に反する行為のことであり，非社会的行動とは**不登校**，**ひきこもり**，**スチューデント・アパシー**などのように，適切な社会生活や人間関係を維持することができず，自己の健全な発達を妨げる行為をいう。

　非行　非行は特に思春期，青年期に起こりやすい行動上の問題である。その非行の原因や内容の時代的推移をみると，戦後から今日までを第1期から4期までに分けられる。第1期（戦後の混乱期）には生存のための窃盗などの非行，第2期（経済の高度成長期）には受験競争の激化とともに反抗的な非行が多発したのに対して，第3期（1980年代）には遊び型非行と呼ばれるゲーム感覚でスリルを味わう万引きなどの非行が増加した。今日（第4期）では第3期からの特徴に加えて，いきなり型と呼ばれる，非行歴のない子どもが突然「キレる，むかつく」心理状態から引き起こす非行が問題化している。このようにさまざまな非行のタイプによって心理状態も対処の仕方も異なる。特にいきなり型非行は欲求不満と深くかかわっている。攻撃は，常に欲求不満の結果であり，欲求不満が常にある種の攻撃を生じさせるとする「**欲求不満＝攻撃仮説**」に基づけば，子どもの欲求不満の内容を十分に分析し，適切に対応する必要がある。また，同じような欲求不満の場面におかれても，感情のコントロールができる者と，切れやすい者とがいる。その違いは**欲求不満耐性**の強さ，すなわち怒りを我慢する自己コントロールの強さによるところが大きい。この耐性の形成には親の養育態度が大きくかかわっている。親の過保護や溺愛は欲求不満に対処しなければならない状況を子どもに経験させないため，子どもはその耐性を形成しない。反対に拒否的で厳格すぎる養育態度は，子どもに過剰な欲求不満を

経験させることになり、その結果、子どもには耐性が形成されずに、不適応行動が起こりやすくなる。

いじめ　いじめは自分より弱いものに対して、一方的に、継続的に身体的・心理的攻撃を加え、相手に深刻な苦痛を与えることとされている。いじめる側の子どもは家庭や学校に対する不適応感が強く、現状に満足しておらず、自己コントロールする力も弱い。いじめという現象は、家庭における欲求不満や学校での人間関係や学業面の問題等に起因するもので、いじめをする子どもに注意を与えたり、監視を強めることによっては解決しない。教師が、ひとりひとりの子どもに熱意をもって努力できる目標を与えること、学級内の好ましい人間関係づくりを積極的にすすめてゆくことが、いじめの発生を防ぐ最善の策にもなる。

暴力行為　文部科学省はこれまで「**校内暴力**」（学校生活に起因した暴力行為であり、対教師暴力、生徒間暴力、器物損壊を含む）について調査を実施していたが、1998年度から「暴力行為」という名称に変更して、調査対象を他校の生徒や外部の者に対する暴力まで広げて統計をとっている。校内暴力は、1980年代初めにピークを迎え、その後漸減し、80年代の後半に再び増加した。80年代の暴力行為は、集団による特定の個人に対する暴力が主体であったが、今日では、ほとんどが個人による暴力である。群れることにより攻撃性を増長させて、それを欲求不満のはけ口に放出する傾向から、個人がキレることによる暴力へと変化しているのである。暴力行為の原因はいじめの場合と同様であるが、特に授業がわからない、教師が信頼できないなどの、学校に対する不満が強いことを特徴とする。加害生徒の抱える問題解決に教師集団が一致協力して取り組むこと、学校や教師たちは、ひとりひとりを大事にする学級づくりをめざし、学校生活で改善すべきことに積極的に立ち向かうことが重要である。

［宮坂］

参考文献　大石勝男編『学級崩壊の予防・対応』教育開発研究所、2000

問題 37　不登校，ひきこもり，スチューデント・アパシーについて説明せよ

不登校　不登校は，子どもが何らかの理由で学校に適応できないために，学校を長期欠席することであり，病気やけが，経済的理由などによる長期欠席を含まない。学校基本調査では1991年度分の統計から，これまで50日以上の長期欠席者のみを調査対象としていたのを，30日以上についても対象とするようになった。今日，不登校は，特定の子どもの問題ではなく，誰にでも起こりうるもの，子どもと学校，家庭，社会全体にかかわる問題であると考えられている。

　不登校はさまざまな原因や背景によって生じ，なかには複数の原因が絡み合って起きるものもある。幼稚園や小学校低学年で生じるものは，過保護，溺愛の親と離れていることに不安で離れられない母子分離不安に基づく場合が多く，ちょっとした困難にも耐えられないタイプが多い。このタイプの典型的症状は，登校時間になると腹痛，頭痛などの身体の不調を訴えることである。一方，小学校高学年から中学・高校にかけて生じやすいタイプは，過干渉の親の期待に応えようと頑張ってきた子どもが何らかの挫折や葛藤により突然不登校になるもので，「急性型」「優等生息切れ型」登校拒否と呼ばれることもある。症状は前者に比べて激しく，しばしば昼夜逆転の生活や，家庭内暴力を伴う。前者が社会的，情緒的未成熟に起因するのに対して，後者は親からの心理的独立のつまずきと考えられる。不登校のタイプには，このほか，怠学傾向（学習意欲に欠ける無気力な者や，非行によって不登校になる者がいる）やいじめや体罰を原因とするもの，精神障害（統合失調症，うつ病など）によるものなどもある。したがって，学校や不登校児のための施設（適応指導教室，教育センター相談室など）には，それぞれの原因に合わせた対応や援助をおこなうことが求められており，スクールカウンセリング制度の一層の充実も望まれている。不登校児に対しては，現実の世界を肯定的で意欲が持てるものにつくり替えることができるように，よい人間関係を広げてゆけるように援助すべきであるが，

親や教師が協力し，自らも子どもとのかかわり方，育て方を改善しなければ解決困難な場合も多い。

ひきこもり，スチューデント・アパシー　ひきこもりとは，病気でないのに，6カ月以上社会に参加しない状態が続いていることをいう。不登校の子どもも多くの場合，ひきこもりの生活となるが，不登校あるいは，不登校に近い状態から，卒業後に本格的なひきこもりとなる場合も少なくない。そのきっかけは，統合失調症やうつ病などの疾患による場合を除けば，主として対人困難や受験の失敗，いじめ被害などである。ひきこもりが長期化するほど，家族は焦燥感を強めて，本人を叱咤激励し，職場復帰や登校を促すことになるが，そうされればされるほど，本人は反発し，家族を避けてますますひきこもろうとする。その生活は，ほとんどの場合，自室に閉じこもり，昼夜が逆転している。本人には強い人間不信があるので，親や周囲の者の受容と理解が重要である。

スチューデント・アパシーとは，青年期に特有の無気力，無関心，無感情の状態であり，この状態に陥った大学生は，しばしば留年を何年も繰り返してしまう。その共通の特徴は，自分の優劣が判定される場面（試験や授業）に過敏な反応を示し，それを回避する行動をとることである。しかしまったく社会から逃避するわけではなく，趣味やアルバイトなどには精を出すことも多い。そこで，このような症状を選択的無気力とか，部分的退却反応と呼ぶこともある。また，このような青年には社会的経験の不足や現実把握の未熟さがみられ，人間関係の希薄さも目立つ。その反面，自意識の肥大，自己防衛的傾向が強いため，自己の弱点が明らかになりそうな場面を避けて自分のなかに閉じこもるのである。このような学生は相談に訪れることは少ないが，カウンセリングを通して，**アイデンティティ**の確立や人間関係の改善を促してゆくべきである。

[宮坂]

参考文献　鈴木満生編『スクールカウンセリングの基礎知識』新書館，2002

第6章 能力と教育評価

問題 38 能力（知能，学力，創造性）とは何か，説明せよ

　能力とは，一般に人間が何事かおこなうときに，その事柄がどれくらいできそうかをいう際に用いられる用語である。たとえば言語の能力というとき，言語の獲得と運用において，また言語の理解と表出において，まとめれば言語の機能をどれくらい発揮できるかについて言語の能力として語られるのである。言語のほか，能力はおもに人間の知的な側面や身体的側面について広くいわれている。またそれらが何に由来するのかについては，持って生まれたもの，すなわち遺伝的要因と，生まれて後に学習したもの，すなわち経験的要因とから成っているということができよう。これらの点で，能力は知能，学力，創造性などと大きな重なりをもっているとみることができる。

　そこでまず人間の**知能**に関する研究についてみてみよう。知能とは何か，さまざまな定義が提唱されておりそれぞれに長短をもつとされるが，ここでそれらを列挙してみる。**スタンフォード・ビネー検査**を開発した**ターマン**（Terman, L. M.）は「抽象的思考を行いうる程度に比例して，その人は知的である」と述べた。ここで抽象的思考とは推論をはじめとする高次の精神過程をさしているが，特に乳幼児など，初期の認知発達を十分にカバーできないおそれがある。ディアボーン（Dearborn, W. F.）は「学習する能力，または経験によって獲得していく能力である」と述べた。心理学的に学習は行動の変容という観点から非常に幅広くとらえられており，範囲を特定できないきらいがある。**シュテルン**（Stern, W.）は「知能とは，個体が思考手段を新しい要求に意識的に応じさせる一般的能力であり，生活の新しい課題と条件に対する一般的精神的順応力である」と述べた。環境に適応的に振舞えるかどうかを重視した定義といえる。またWISC検査などを開発した**ウェクスラー**（Wechsler, D.）は「知能とは目的的に行動し，合理的に思考し，その環境を効果的に処理する個人の総合的・全体

的な能力である」と述べ，包括的な定義を試みている。またボーリング（Boring, E. G.）は「知能とは，知能検査によって測定されたものである」と，操作的な定義をおこなっている。知能検査の個々の課題の手続きは規定されているものの，何をもって課題とするかについての定義がはっきりしていないので，これまた不十分であるといわざるをえない。以上，知能とは何か定義することがいかに困難なことであるかがわかることであろう。

　最近の認知科学の発展に伴い，知能に関する研究も新しい局面を迎えている。まず人間の認知過程を情報処理過程としてとらえるアプローチに基づき，知能の構造を要素的な処理過程の分析から考察しようとするスタンバーグの**鼎立理論**があげられる。またガードナー（Gardner, H.）は，従来の心理測定に基づく知能の因子分析的構造化によるのではなく，脳損傷によって知的行動が選択的に影響を受けるという神経心理学的知見に基づき，相互に独立に機能する多重知能の構造化が試みられている。多重知能の構成は，言語的知能，論理 – 数学的知能，音楽的知能，筋運動的知能，空間的知能，対人的 – 社会的知能であり，脳研究の進展とともに機能だけでなく，実体的な構造についても解明されていくことであろう。

　さて，新しい課題に取り組み，それを適切に解決していけることは知的な行動の一側面であるが，人間の**創造性**を考えるうえでもとても重要である。それは科学や芸術の分野をはじめ，人間の社会や文化の発展に大きな果実をもたらすものだからである。現在では，世界的な業績をあげた芸術家や科学者がもつ特殊な才能や能力に限るのではなく，一般の人々が，仕事や家庭生活のなかで新奇な問題解決事態に直面して発揮する生産的な思考に対して，またそのような問題解決に取り組む態度として，知的好奇心や創造への動機づけを含むものとして考えられている。創造性の議論においてしばしば引用される**ギルフォード**（Guilford, J. P.）の**知能の構造モデル**には，操作と呼ばれる次元において，拡散ないし**拡散的思考**という要素が含まれている。拡散的思考とは，既存の知識や技能によっては解決が難しい問題に新たなアイデアで取り組む際に必要とされる思考過程である。具体的には物や方法，また概念や知識などを，既成のやり方にはない仕方で組み合わせたり，再構成したり，常識に囚われない柔軟さ

で意味づけたりすることによって，新たな価値を生じさせることである。ギルフォードは創造性関係因子として，問題に対する敏感さ，流暢性，独創性，柔軟性，綿密性，再定義を抽出しており，それに対応する創造性テストも考案されている。

　最後に学力についてだが，これは日本の教育分野でよく用いられる概念であって，一義的な定義をすることはさらに困難である。東は「意図的なカリキュラムにそって，そのカリキュラムの目標の達成度や達成可能性を示す行動の基礎となるものとして想定される能力である」と述べている。知能や創造性についての議論ではそれが生得的に，あるいは経験によって発達的に形成されていくと考えられているが，学力に関しては学び手，教え手から社会や文化にいたるさまざまな主体によって意図的に構成されるカリキュラムによって形成されるのである。また達成された学力もテスト成績だけでなく，質問・応答・自信のあるなしや仕事ぶりなどの態度，また将来どのような達成を成し遂げそうか，そのような場面で機能することが期待されるような学力を身につけているかなども含む，広範な概念なのである。

　能力との関連でどのような学力があるかその分類を考える場合もまた多岐にわたる。発達や学習の順次性にしたがって，あとの学習の前提となる能力や知識を基礎的とみなす立場や，一般と特殊という観点から弁別・分類・系列化などの知的操作をさまざまな領域の学習にまたがる一般的な基礎とみなす立場，さらに読み・書き・計算など，他の知識や技能を獲得するのに道具となる役割を果たすものを基礎的とみる立場，これに関して，国語，算数・数学，そして外国語などを基礎教科とし，その学力を基礎学力とする立場もある。またそれぞれの教科や学問領域に構造があり，その構造において基礎的な部分に関する学力を基礎とみる立場，そして学習指導における順次性において，時間的に先んじて教えられる事柄が基礎的であるとみなす立場もあり，教育内容・教育方法との関連も考慮される必要がある。　　　　　　　　　　　［宮下］

参考文献　東洋ほか編『現代教育評価事典』金子書房，1988
　　　　　　東洋編『教育の心理学的基礎』朝倉書店，1982

第6章 能力と教育評価

問題 39 教育評価の意義と目的について述べよ

　人間が成長・発達していくうえで他者および他者からの自己に関する情報は欠かせない。自己の形成過程において，幼いうちは基本的な自己肯定感を形成すること，そのために親子をはじめとする子どもにとってもっとも親密な関係における「評価」が大きな役割を果たしている。「親の欲目」という言い回しにもあるように，親は我が子の優れた面を見いだし，惜しげもなく褒める。親には「評価」という意識はないであろうが，暖かく，支持的な雰囲気のなかで子どもたちは自己効力感を育み，自信を育てていくのである。

　幼稚園や学校に通うようになると，同世代の友だちや先生がいるクラスや学校のなかでの自己の位置づけが問題となる。それは親密な家族関係から役割関係に基づく社会的な関係へと移行していく過程でもあり，抽象的な社会的関係のなかでの自己の位置を意識することによって，社会のなかで生きる基盤を得ることにつながっていく。

　以上のようなことを考えれば，**教育評価**は第一に個人のためのものでなければならない。学校における評価は個人のいろいろな側面に対してなされる。学習に関する側面，学校生活に関する側面と，家庭では経験しにくい側面に関する評価が加わり，学年とともにその部分の比重が大きくなっていく。昨今では生涯にわたって学習を続けていくための態度や興味といった将来を見据えた評価も加えられるようになり，いっそう複雑さを増している。

　幼児期・児童期は認知的な発達の面でも，人格的な発達の面でも大きく変化する時期にあたり，したがって子どものよさを見つけ，あらゆる側面に子どもの関心や意欲を引き出す教育的働きかけとしての「評価」が求められる。この意味で，教育評価はまず**形成的評価**でなければならない。形成的評価とは，後に述べるカリキュラム評価から発したアイデアであるが，その考え方が個人にも適用されるようになったものである。個人に対する形成的評価とは，文字通り個人の人間形成を方向づける評価であって，その都度の発達・学習が望まし

い方向に向かっているかどうかを評価し，それに基づいて必要な軌道修正をおこなうためのものである。これもカリキュラム評価の手法である**総括的**（集成的）**評価**は，もともと出来上がったカリキュラムの良し悪しを判定し，採否を決めるために用いられるものだが，人間が生涯発達し続けていくことを中心に考えれば，個人に対してこのような総括的評価をおこなうことは現実的ではなく，形成的評価が続けられていくことが望ましい。

　自己についての評価からは少しはずれるが，子ども個々の特性を見出すという意味において，多様な側面からの客観的な評価も時と場合によっては必要となろう。特に発達に問題をかかえる子どもの場合，その問題の特定と，問題への早期の対応はますます必要とされている。これは心理・教育的な診断ともいえる評価（**診断的評価**）であり，発達や学習のその都度の特徴を描き出すことを目的におこなわれる。この場合も結果の優劣が問題なのではなく，個々の子どもの発達・学習の現在の状況，プロフィールが問題になるのであり，今後の処遇がそれに基づいて描き出されてこそ意味をもつものといえる。そして，子ども本人にとってもそのような問題と向き合うことが求められるようになり，自己の特性を知ったうえで自分の人生を歩むことができるようにすることも教育的な配慮である。

　次に，教育評価においては，個人をどのように教え，導くかに資する評価，すなわち教師にとっての評価も問題となる。教師は毎日の授業を中心として単元を構成し，学年のカリキュラムを構成していく。これらの活動が適切であったのかどうかを評価し，必要な改善を施していくことは教師にとっての仕事の根幹をなす部分である。授業の評価，教材の適否，生徒の学習の進展，指導法の適否，単元構成やカリキュラム構成の適否など，評価すべきことは多い。個人のための評価と同様，活動が進行しているなかでは形成的評価がおこなわれ，終了した時点で総括的評価がおこなわれる。生徒の達成をみるためにテストがおこなわれることになるだろうが，その見方は個人のための評価とずいぶん違うことになる。すなわち個人がどの程度の到達度を示すか，今後の学習の指針をどう立てるかではなく，選択された教材や指導法の適否など，教師がコントロールできる側面についてなされることになる。個人が登場するのは，その子

どもに対する教え方の適否を考える場合で，ATIの概念がそこでは参考となろう。

　ここでさらにマクロな視点からの教育評価が問題となる。たとえば学校の教育目標や指導方針，そして教育課程や学習指導は適切か，さらに教育委員会では現在の教育がどの程度の成果をあげているのか，検討しうる資料を得るための評価が必要となる。抽象的な教育目標ではその達成を評価するのは容易ではないが，もし評価不能であるのなら目標として設定すること自体に無理があると考えてみる必要があろう。また現在の日本の状況を考えるとき，とくに公立学校はあまりにもカリキュラムや学習指導のレパートリーが少ない。どこに行っても同じような教育がなされていることは質の担保という意味で多大な成果とも評価されるが，多様な教育的活動のレパートリーを生み出し，総括的評価に基づいて，最適なものを選び出すという視点からみればマイナスである。すなわちカリキュラムや教授法を比較のなかで優劣をつけたり，最も適切なものを選んだりすることができない分，よりよい教育内容や教育方法を生み出す方向での形成的評価の役割は重いといわなければならない。各学校の特色を生み出すという課題のもとに，個人におけるプロフィールを描くように，多様な側面から学校を立体的に評価する方法が工夫される必要があるといえよう。

　学力低下が問題とされる昨今，教育評価は教育を規定するさまざまな要因に対する評価，すなわち授業評価や学校評価，カリキュラムの評価など，これまで一般にはあまり目を向けられてこなかった側面が重要となってきているのである。
　　　　　　　　　　　　　　　　　　　　　　　　　　　　　　［宮下］

参考文献　東洋『子どもの能力と教育評価（第2版）』東京大学出版会，2001

問題 40　教育評価の対象と方法について述べよ

　誰のための評価か，何を目的とした評価かによって，**教育評価**の対象と方法とは自ずと異なってくる。まず個人のための評価，人を育て育むための評価ということについて考えてみよう。子どもたちは個々に個性的な存在であるのだから，ひとりの人間として個別に理解することがなされなければならない。ひとりひとりの子どもが生涯を営む主体としてどのような一生を送ろうとしているのか，何をめざそうとしているのかなどについて，特に理解する必要がある。そのためにはテストに代表される学業達成に対する評価などはもちろんだが，むしろ子ども個々の関心や意欲を把握することが重要である。そこでは，日常の行動や会話などに現れる態度やものの考え方などが注目される必要がある。何気ない情報を収集し，保存し，それを意味づけ，構造化する手立てとして，最近注目されているのがポートフォリオ評価という手法である。もちろん，集められた評価情報を，子どもを生かすという観点から意味づけできる見識や力量を養うことがより大切で，芸術分野における鑑賞者あるいは批評家といった立場になぞらえられる質的な評価，子どものよさを見出す視点が重視されるべきであろう。

　個々の子どもを生かす立場から，子どもの処遇を決定する評価について次に考えてみよう。たとえば発達に問題をかかえる子どもにどのように対応するか，特別ニーズ教育という考え方が広まりつつある昨今，通常の教育の範囲で対応できるニーズなのか，特別な支援を必要とするのか，このような評価は子ども自身の生涯発達を考えるうえで，避けて通れないところである。このような場合に用いられる評価は細部にわたる**診断的評価**となろう。子ども本人の行動観察をベースにしながら，成育歴・家族歴などの聞き取り，知能検査をはじめとする各種の認知発達に関する検査や人格発達に関する検査，園や学校における生活状況や友だちや先生との関係などに関する調査・聞き取りなど，さまざまな資料をもとにして，多角的に個人のプロフィールを描くことがなされる。こ

れらの資料を適切に収集すること,そしてそれらを子どもの発達に合わせて関係機関で引き継ぎ,最適な心理・教育的な働きかけがなされるようなシステムづくりをすることが課題とされているのである。

　診断的な見方は通常の子どもたちへの学習指導の場でも生かされよう。テスト課題を与えたり,質問項目に応えてもらったり,場合によっては標準化された学力テストや既存の心理尺度を用いたりしながら,個々人のプロフィールを詳細に描くことによって,質的な評価を補いつつ,適切な指導を探っていくことができれば,評価が指導に直結することになる。

　さらに子どもたちへの学習指導において,**形成的評価**の手法を用いて方向づけや動機づけをおこない,教育的に導いていくことも重要である。このような評価は個々の子どものためにおこなわれると同時に,指導する教師の教育内容や教育方法に対しても向けられる。子どもを教育的に導こうとしている目標の達成という観点から,現在おこなわれている指導が適切なものであるのか,適切な方向に向かっているのかについての資料ともなるからである。ここでは本来の意味でのカリキュラムの形成的評価がおこなわれることになる。

　最後に,学期や年度など,教育課程の大きな区切りにおいて,その期間におこなわれた教育的活動が適切であったか否かについての評価がおこなわれる。これは**総括的評価**であって,カリキュラムの目標の達成の度合いが学力テストや学習に対する態度に関する調査など,また親や地域などを対象とする調査などを通して検討され,目標設定の適否についても問われることになる。このような評価は一面形成的評価でもあって,評価に基づいて次の年度や学期の教育目標,教育課程,また学習指導の修正や改善に生かされることで,はじめて意味をもつことになるのである。　　　　　　　　　　　　　　　　　［宮下］

参考文献　東洋『子どもの能力と教育評価（第2版）』東京大学出版会,2001

問題 41
知能の因子と構造についての次にあげる諸説を説明せよ
——二因子説，多因子説，ギルフォードのモデル

　知的であるとはいかなることかをめぐって，現在の研究・測定の源流にあるのはフランスの**ビネー**（Binet, A.）が考案した**知能検査**である。彼は日常生活のさまざまな場面でおこなわれる具体的な問題解決において発揮される知性が一般的なものであると考えた。それを**一般知能**（いわゆる"g"）と呼んでいる。用いられる課題は実際の学業成績やさまざまな作業の成績と関係の深いものが選ばれているが，それはビネーのもともとの発想において，子どもを特殊教育のもとで処遇すべきか否かを決定するための方法として提案されたことが生きているといえよう。もともとの一般知能という理論に，そのような事情も相俟って，課題の遂行成績の相関は高く，それが逆にまた一般知能という考え方を強める結果ともなった。

　この考え方を受け継いだ**スピアマン**（Spearman, C.）は，知能の構造が一般知能とそれぞれの課題に特有の特殊因子の2因子から成るとする理論，すなわち**2因子説**を提唱した。ただしこの場合の特殊因子は測定できない（誤差と見分けがつかない）ので，結果的には一般知能が強調されたのと同じである。

　一方で，理論的に特殊因子を認める立場を取れば，それはいくつかの課題に共通の特殊因子を見いだすに至るのは難しいことではない。実際，知能得点の予測値が，一般知能の重みといくつかの課題に共通な群因子の重み，そして課題ごとの特殊因子の重みづけの線形代数で表現される多因子説への道が開けることとなった。

　さらに心理学における統計手法，特に因子分析の手法の発達によって因子抽出と，回転による単純構造へのあてはめが容易になるにつれ，知能の因子構造は複雑さを増すこととなった。**サーストン**（Thurstone, L.）は斜交回転に基づく**多因子説**を提唱した。因子としては知覚的速度，言語・推論，暗号の置換や語の置換，空間的視覚の関係，簡単な数，語・数・図形などの記憶，ルールの帰納が含まれている。いっぽうヴァーノン（Vernon, M. D.）は直交回転に基づく多

因子の構造を提唱し，gのもとに言語性知能の因子と機械的知能の因子を見出した。同様に**キャッテル**(Cattell, R. B.) は，結晶性知能と流動性知能の2因子を見出している。

たとえば現在よく用いられているウェクスラーの検査においても全検査に基づく知能得点のもとに，言語性と動作性の下位得点，さらに知識・絵画完成などの領域別の得点，そして課題ごとの得点という構成になっており，階層的な構造がここでも想定されているといえる。

ところで，知能検査の研究の歴史においてビネー検査は新しい検査が開発されるごとにいわば基準として扱われ，ビネー検査との相関が高いことが知能検査の妥当性が高いことの証と考えられてきた経緯がある。ということは新たな検査項目を考案するうえでビネー検査にはない要素が盛り込まれることはなかなか困難であった。そのような状況に一石を投じたのがギルフォードである。

ギルフォードはいわゆるギルフォード・モデルにおいて知能を構成する要因を所産・内容・過程の3次元で表現した。所産は，単位，類，関係，体系，変換，含有の6つの要素を含み，内容は，図形，抽象，行動，意味の4要素，操作は，評価，収束，発散，記憶，認知の5要素からなる。したがって全体で6×4×5＝120の知能の要因から成るとされている。たとえば単位・抽象・認知の3要因がクロスする知能の要因は，具体的に「［ぞんしう］を並べかえて1つの単語をつくりなさい」のような検査項目によって測定することが可能となる。このように，知能を構成する要因を既存の検査にとらわれずに考察し，具体的にどのように測定するかを示した点で，このモデルはユニークである。現在でも120の知能の要因がすべて明らかになっているわけではない。モデルの各要因の解明を通じて，具体的に測定可能な知能とは何かについての探究がすすめられているのである。たとえば従来の知能検査では十分に把握できていないとされる創造性についての議論においても，ギルフォードの議論は考察の元となっているのである。

[宮下]

参考文献 東洋著，柏木惠子編『教育の心理学』有斐閣, 1989

問題 42　絶対評価，相対評価，個人内評価について，それぞれの特徴を述べよ

　評価は，教育活動の重要な一環であり，教育目標と，それに基づく活動の成果を点検する手段である。

　評価の方法は評価基準に基づいて，**絶対評価，相対評価，個人内評価**に分けることができる。

　絶対評価　子どもの学力を一定の基準に達したか，どの程度達したか，という達成度について評価するものである。その基準の設定の仕方に関して，狭義の絶対評価（認定評価）と，**到達度評価**に分けられる。認定評価は，教師自身が想定する一定の基準で評価するもので，その内容は教師が学習の成果として，子どもに何を期待しているのかによって規定される。この評価法は，たとえば，詩の解釈について，詩の内容を自分なりに自由に解釈できればよいとする教師と，作者の意図をその一字一句からできるだけ正確に深く理解することを要求する教師とでは評価基準が異なる。その評価基準は教師の教育観を最も明確に反映するが，客観性に欠けて，教師の主観に左右されやすいことが問題点といえる。到達度評価は，一定の目標を到達目標として設定し，子どもがその目標に到達したか否かを問うものである。この評価の教育的意義は，教育目標と評価の一体化がはかられることにある。各学年，各教科についてのひとりひとりの子どもの到達すべき目標はさらに下位目標に分けられ，たとえば各単元別の目標の到達度が判定される。アメリカの**ブルーム**（Bloom, B. S.）は「**形成的評価**」を提唱し，このような下位目標を子どもたちが到達したかどうかを判定しながら，ほとんど到達している子どもは次の目標に進み，到達していない子どもには補充の指導をおこなうなど，指導の過程で，形成テストを何回か実施することの意義を主張した。形成的評価は，教師が自己の指導の点検や修正をおこない，子どもが自分のつまずきの箇所，弱点を知って，努力すべき方向を調整するための有効な評価システムである。

　相対評価　個人の評定値を，集団内における相対的位置によって決定するも

のである。この評価の長所は，一定の手続きによる客観的評価が可能で，評価者の主観に影響されにくいことである。相対評価は，特に優劣をつけねばならない場合には必要な手段である。5段階評定や偏差値はその代表例であり，入試などの選抜試験や能力別学級編成などに用いられる。5段階評定は，集団の得点分布が正規分布をすると仮定して，全体を最上位（ランク5）から最下位（ランク1）のグループまで，それぞれ7％，24％，38％，24％，7％の割合で分割したものである。正規分布に基づくこの評定法が本来の意味をもつためには，測定対象の集団が大人数であり，しかも測定値が教師の指導による学習結果などの人為的なものでなく，偶然的事象であることが前提条件となる。いいかえれば，教師が学級のひとりひとりの子どもの可能性を伸ばすために適切な指導をすればするほど，そして子どもがそれぞれ努力して学習効果を上げるほど，学級集団全体のテスト得点分布は正規分布とは程遠いものになるであろう。したがって5段階評定法を学級集団のような小集団の成績に適用するのは望ましいことではない。

個人内評価　個人の成績を，他者との比較でなく，その個人内部の基準に基づいて判定しようとするものである。この方法は個人の成績の個々の側面や要素について診断する「**横断的評価**」と，過去との比較によって進歩の度合を診断する「**縦断的評価**」とに分けられる。横断的評価とは，たとえば，ある子どもの成績は，算数と理科は優秀だが，特に国語が劣るとか，英語の文法はよく習得しているが，読解の力が弱いなどと判定し，努力すべき学習内容や方向を明確にするものである。縦断的評価とは，前の学期に比べてどの程度進歩（後退）したか，学習態度や成績にどのような変化がみられるかを示すものである。個人内評価は，学習者の特性や進歩を理解する重要な手段となり，学習者自身にとっても反省や次の努力目標の設定に有効である。　　　　　　　　［宮坂］

参考文献　全国到達度評価研究会編著『これからの通知表・学級通信』あゆみ出版，1991

問題 43

測定値の意味を次の諸点を中心に説明せよ——標準偏差，代表値，偏差値，知能指数，成就指数

　知能検査や学力テストなどを多数の対象に実施すると，その結果，すなわち得点は必ず分布する。しかもその分布は中心部（平均値）に近い得点の人数が多く，周辺部（高得点・低得点）に行くほど人数が少ない**正規分布**になることが多い。

　このような分布の特徴を表すための指標はいくつかあるが，よく用いられるのが**代表値**と**散布度**である。代表値は，分布の中心傾向を現すためのもので，正規分布の場合など，一般的に用いられるのは平均（算術平均）である。これは，集団を構成する各自の得点を合計し，人数で割って得た値である。また散布度は分布が中心の周りに集まっているか，ばらついているかを表す指標で，一般的に平均とともに用いられるのは**標準偏差**である。これは各自の得点と平均値との差（偏差）を2乗したものを合計し，人数で割った値（分散）を開平して得ることができる。いいかえれば，各自の得点と平均値との距離の平均を表すとみることができ，値が小さければ平均の近くに各自の得点が集まっていることを示し，大きければ周辺にばらついていることを表す。

　正規分布の場合，全体の約67％の人が平均±1標準偏差の範囲（一例として，平均70，標準偏差5の場合，65点から75点）の得点であることが知られている。同様に平均±2標準偏差の範囲（同じく60点から80点）に全体の95％，平均±3標準偏差の範囲（同じく55点から85点）に全体の99％の人が位置することになる。

　逆に各自の得点から平均を引き，標準偏差で割る操作は標準化の手続きと呼ばれ，得られた値はz得点と呼ばれる。入試の模擬試験などで算出される**偏差値**は，z得点を10倍し，50を足して得られた数値（Z得点）で，もともとのテストの得点分布を平均50，標準偏差10の分布に変換した場合の得点となる。したがって上述の正規分布における相対的位置に関する性質に応じて，偏差値60というのは，およそ集団の上位17％の相対的な位置にいることを示してい

ることになる。

　最近の知能検査ではいわゆるIQ（知能指数）の意味づけも，同一年齢集団内での相対的な位置づけになっている（偏差IQ）。知能指数はもともと知能検査によって測定された知能年齢（精神年齢）を生活年齢（暦年齢）で割り，100をかけて算出した数値であった。したがって知能指数100とはこの意味で年齢相応の知能の発達を達成していることとなる。ビネー検査の普及に伴って，この定義が一般に広まった。このやり方だと生活年齢8歳の子どもと12歳の子どもで，生活年齢に比べて知能年齢が2年遅れていることが意味することは異なっているにもかかわらず，それを的確に表すことができない難点があった。その後，同一年齢に属する多数の子どもに検査を実施し，その結果に基づいて集団内での相対的な位置づけを用いるように変化してきた。すなわち，IQ100とは偏差値でいうところの50の意味と同じである。また標準偏差は15（WISC検査の場合。ターマンによるスタンフォード・ビネー検査の標準偏差は16）となるように調整されている。診断的な意味づけとしては，WISC検査の場合IQ79から70が境界線知能，69以下で精神遅滞と考えるのである。

　ところで，知能検査の結果と学業達成との関係は必ずしも深いとはいえない。高い知能指数を示す者が期待された学力を示すとはかぎらないからである。学業達成の度合いとしての学力偏差値と知能偏差値との差をとったものが**成就値**と呼ばれる。また学力偏差値を知能偏差値で割り，100をかけて得た値を**成就指数**（**AQ**）と呼ぶ。これらはさまざまな問題をはらむため，あまり一般に使われることはない。ただ，成就値で−7以下を**アンダーアチーバー**と呼び，知能に比べて不相応に低い学力達成しか示さない子どもということになる。その逆が成就値＋7以上のオーバーアチーバーである。これらは知能と学力の関係を考えるうえでの課題ともなっている。　　　　　　　　　　　　　　〔宮下〕

参考文献　渡部洋編著『心理検査法入門』福村出版，1993

問題 44　測定の信頼性と妥当性について説明せよ

　測定の信頼性とは，測定結果がどれくらい安定しているかを示す指標である。測定結果が安定しているとは，たとえば計量器が同じ物について一貫して同じ重さを示すことと考えればよい。その場合に，その物を一つの計量器で繰り返し重さを量ったときに同じ重さを示すことと，違う計量器で量ったときに同じ重さを示すこととは，ともに同じ重さを示すという意味で測定結果が安定していることを表わしてはいるが，意味は異なる。前者を「再検査信頼性」といい，後者を「平行検査信頼性」という。もちろん重さの測定の場合と異なり，心理・教育的測定の場合，再検査信頼性は，まったく同じテスト問題や質問項目に時間をおいて再度取り組んだときにどれくらい同じ結果になるかみるものである。平行検査信頼性は，内容的には同じことを測定すると考えられる問題や項目を2種類用意し，その各々における結果がどれくらい同じになるかをみるものである。もちろん重さの測定の場合と異なり，心理・教育的測定においては誤差を含むさまざまな要因が絡んでくるため，測定値の変動が大きいことが特徴である。

　統計学的には，信頼性は測定値の分散に対する真値の分散の比の値（割合）として定義される。仮に真値も誤差の分散も同じである2つの測定値があるとすれば，誤差同士は互いに独立（無相関）であるから，2つの測定値の間の相関係数が信頼性を表すことになる。もちろんこのような2つの測定値を得ることは現実には不可能であるために，信頼性は実際の測定値間の相関係数から推定するしかないのである。

　さまざまな信頼性の推定の方法があるなかで，現在もっともよく利用されているのは内部均一性であり，**クロンバック**（Cronback, L. J.）の α という数値である。これは同じ内容を測定すると考えられる項目間の相関係数をもとに，平行検査信頼性から発展した折半信頼性について，あらゆる可能な折半の仕方によって算出された信頼性係数の平均値を推定することによって得られる数値で

ある。このことは，同じ内容を測定すると思われる各項目がどれくらい共通部分を持っているか，したがっていくつかの項目によって構成される尺度がどれくらい一貫しているかを表しているのである。

　信頼性について考えておかなければならない問題はいくつかあるが，その1つは再検査信頼性に関して，時を経ることによって発達と教育の過程にある子どもたちには当然変化が生じるということである。意図的に行われている教育であれば，子どもたちに変化を起こすことを期待してさまざまな働きかけがおこなわれているのであり，安定性を問うこと自体あまり意味のないことになるであろう。

　また，平行検査信頼性に関して，2つの問題や項目の間の相関係数が，真値によってではなく，誤差とされるべき部分に共通な要因が含まれているために，見かけ上相関が高くなることもありうる。これは測定値がほんとうに測りたい内容を測っているか，どれくらい測れているかの問題であり，妥当性の問題ともいえる。

　そこで**測定の妥当性**について，これはさまざまな外的基準との相関において，たとえばある基準との相関が高い（逆に別の基準との相関が低い）ときに妥当性が高くなるというように考えることができれば，数値的に表すことが容易である（基準準拠妥当性）。たとえば新しい知能検査を作成しようとする際に，ビネー検査が一種の基準として用いられ，それとの相関がどれくらい高いかによってその妥当性を示そうとされてきたことがあげられる。しかしそのような基準がない場合は簡単ではない。テスト問題や質問項目の内容が測定しようとする内容をどれくらい反映しているか（内容的妥当性），また知能のように理論的にしか定義できない構成概念を測定しようとする場合（概念的妥当性）には，その概念の定義自体の妥当性が問題となり，さらに測定するのに妥当な問題や項目を選ばなければならないのであるから，かなり複雑な作業を要することになる。　　　　　　　　　　　　　　　　　　　　　　　　　　　　［宮下］

参考文献　東洋『子どもの能力と教育評価（第2版）』東京大学出版会，2001

第7章 学校カウンセリングと生徒指導, 心理療法

問題 45 学校カウンセリングの意義と活動内容について述べよ

　現在，日本において，子どもを取り巻く環境は，少子化・IT化など，急速な変化によって大きく様変わりしようとしている。共働き家庭，ひとり親家庭の増加など，家庭の様相も多様化してきたのに加えて，いじめ，不登校，ひきこもり，暴力，児童虐待など，子どもをめぐるさまざまな問題が，日常的にマスコミによって報道されている。教育現場においては，これらの問題に対応するなかで，**学校カウンセリング**の重要性が見直され，期待が高まっている。学校カウンセリングとは，学習面と適応面に焦点をあてて，カウンセリングの理論や技法，臨床心理学，発達心理学など心理学の知見を生かして，学校の教育活動を援助することである。

　学校カウンセリングへの取組みは，これまで生徒指導・教育相談を学んだ教員を中心に，教育相談活動をすすめる形をとってきたが，専門家を導入して，学校カウンセリングの充実をはかろうとする動きが高まり，文部省の主導で公立小・中・高等学校に**スクールカウンセラー**を試験的に派遣する事業が始まっている。

　1995（平成7）年度から，スクールカウンセラーを公立小・中・高等学校に派遣し，その活用状況について調査ならびに検討が重ねられた。すべての中学校にスクールカウンセラーが配置されることが決まった。今後は，各学校の特徴や置かれた状況に応じて，教員とスクールカウンセラーが連携をとりながら，校内体制をつくり上げていくことが望まれる。

　学校カウンセリングは，もともと米国において，進路指導という形で始まった。はじめは，職業選択をめぐって，生徒ひとりひとりの適性をとらえるため，知能検査や適性検査などの心理検査をおこない，その結果に基づいて，助言や指導をおこなう指示的カウンセリングが主流であった。

第7章 学校カウンセリングと生徒指導、心理療法

　第2次世界大戦後，これまでの方法が見直され，適切な職業選択だけではなく，生徒について，全人格的な問題も含めて，個人の成長を援助することが，学校カウンセリングにおいて重要であるといわれるようになった。**ロジャーズ**は生徒の話に耳を傾けて**受容**すること，**共感的な理解**を伝えていくことが重要であると提唱した。生徒の自己実現に向けての成長を支援する考え方は，**クライエント中心療法**と呼ばれ，その後，日本の学校カウンセリングに大きな影響を与えた。

　学校カウンセリングでは，生徒について，個別に，発達面，学習面や心理・適応面など，さまざまな面から現在の様子について把握し，各生徒の人格の形成を促すような，働きかけや支援を考えていく。これは，教員が生徒指導を実践するうえで重要とされる，人間尊重，個別性，発達支援の原理と重なり，生徒指導における教育的なかかわりとして位置づけられる。

　学校カウンセリングは，生徒個人の抱えている問題や悩みを解決するためにおこなわれるだけでなく，同時に，生徒が成長する過程においてもつ悩みやストレスとどうつきあうかについて，予防的にかかわることも求められている。学校カウンセリングに携わるスクールカウンセラーの活動については，大きく4つあげられる。

　① **心理教育アセスメント**——学校に在籍する配慮を要する児童・生徒に対して，現在の状況ならびにその背景を理解するために，さまざまな側面から実態把握をおこなう。心理教育アセスメントでは，学校内で配慮を要すると思われる児童・生徒ひとりひとりの学習面・情緒面・行動面についてどんな様子か，教員から情報を収集するとともに，校内の様子について行動観察をおこない，児童・生徒の現状について総合的にとらえることをめざす。そして，どのような対応が必要であり，またどのような対応が可能なのかを検討し，校内で取り組める指導や援助の手立てを考える。

　② **カウンセリング**——児童・生徒に対して，直接，相談活動をおこなう。問題や悩みをかかえている児童・生徒の話に対して，共感的な理解をはかりながら，解決に向けて一緒に考えたり，助言する。要請があれば，保護者や教師からの相談にも応じる。さらに，児童・生徒が自己理解を深めるための予防的，

開発的なカウンセリングを個別や集団を対象にして実施する。

　③　**コンサルテーション**（問題49参照）——教師に対して，児童・生徒の気になる様子や問題行動などについて，どのように理解すればよいか助言するとともに，具体的な対応を検討する話し合いをもつ。学校における相談活動を活発にするためには，日頃から職員室で教師と雑談することも大事な活動である。そのなかで，生徒のことが話題にあがることもあり，教師との間で，気軽に生徒について話し合う関係を築くようにすることが望ましい。

　④　**校内研修・心理教育・啓発活動**——生徒指導・教育相談について教員の指導力を高めるために，校内研修を企画・準備する。また，「心の教育」の一環として，生徒を対象に**構成的グループ・エンカウンター，ピアサポート**などの心理教育をおこなう。**構成的グループ・エンカウンター**とは，あらかじめプログラムが構成されたグループでの体験を通して人間関係について考えることをとおして人格的な成長をめざすものである。**ピアサポート**とは，校内で，児童・生徒に対してピアサポーターとしての体験的な訓練をおこない，仲間同士で悩みを聞いて支え合う人間関係が築けるように支援する取り組みをさす。これらの活動は，学校の置かれている状況に即して計画を立てて，実施する。生徒に自分を見つめる機会を与えることになり，問題行動に対する予防的・開発的なかかわりとして評価できる。さらに，保護者や，地域の人々を対象にした会合で，子どもの発達や子育ての話をするなど，学校カウンセリングについての啓発活動をおこなう。　　　　　　　　　　　　　　　　　　　　　［菊池］

参考文献　川島一夫編『臨床心理学からみた生徒指導・教育相談』ブレーン出版，2004

第7章 学校カウンセリングと生徒指導、心理療法

問題 46　カウンセリング・マインドとは何か

カウンセリング・マインドという言葉は，1980年代後半から，教育界に広く浸透していった和製英語であり，すべての教師が教育相談の基本姿勢を生かした指導をすすめようという主張のスローガンとして定着していった。学術的な定義がなされているわけではないが，「カウンセリングで大切にしている態度，姿勢，考え方」を意味し，具体的には，「相手の話をじっくり聞く」「相手と同じ目の高さで考える」「相手への深い関心を払う」「相手を信頼して自己実現を助ける」(『中央教育審議会答申 (1998 (平成10) 年6月)』) 等をさす。

教師がカウンセリング・マインドをもつことの重要性が強調されるようになった背景には，不登校，いじめ，校内暴力等の問題に対する援助の方法として必要性が高まったことのみならず，すべての子どもの精神的健康を促進して，人間的成長に向かう発達課題（ライフサイクルの各段階には自我発達課題があり，子どもはこの課題を人間関係を通じ克服しながら成長する）の達成を援助する役割を教師が担うことが明確にされたという教師への期待がある。今日，専門家としてのスクールカウンセラーの設置が実施されたが，学校に1人の専門家がいるだけでは不十分である。学校において子どもと最も身近に接する教師が，必要に応じそれぞれの子どもたちとの間に共感的な関係をつくり，子どもたちから信頼される相談相手となり，情緒的な支持を与える必要がある。その意味で，どの教師も臨床心理やカウンセラーの基礎知識と技術を学ぶ必要がある。

受容と共感的理解　カウンセリング・マインドの中心概念と考えられる「**受容**」と「**共感的理解**」は，**ロジャーズ** (Rogers, C. R.) の「クライエント中心療法 (問題47参照)」の影響を強く受けている。

受容とは「無条件の積極的関心」といわれる態度で，相手の話すどのような内容や感情に対しても，条件を設けずに受け容れていくことであり，相手を独立した独自の価値ある人間として尊重することである。

たとえば,「悪い」行動や態度に対して説教をしても,反発し「どうせわかってもらえない」という思いにさせるだけである。児童・生徒の話を積極的に,肯定的な関心を向けて聴き,感情を受け容れることによって,児童・生徒を内面から理解していくことが重要である。受容は「子どもの言い分を鵜呑みにする」「一切の叱責はしない」ことという誤った理解があるが,決して表面的言動を許容することではないことに留意したい。

　「共感的理解」とは,相手の個人的な内面世界をあたかも自身の世界であるかのように感じ理解する態度のことをいう。教師は,児童・生徒が自身の体験の何をどのように意識しているのかを彼らの**内的照合枠**(経験・価値観・好み・考え方・偏見など,自分なりの枠)に立って理解する。そのためには教師は自身の内的照合枠を理解し,生徒の話を聴く時には自分の照合枠をいったん脇におくことが必要となる。児童・生徒の立場に立って,児童・生徒の存在そのものを理解することによって,児童・生徒が体験しているが意識化できない体験の意味を,教師が言葉で伝えることができ意識化できるようになる。

　教師の自己理解の重要性　カウンセリング・マインドでは,「受容」「共感的理解」とともに,教師の自己理解の重要性をあげることができる。

　教育活動において児童・生徒理解は基盤となるが,教師の生徒を理解し洞察する能力は,教師自身がもつ自分への理解力,洞察力に対応する。たとえば,教師自身が不安や責任を回避する方法に防衛機制(不安から自我を守る無意識的なメカニズム)を用いていることを理解できると,児童・生徒の問題行動の背後にあるさまざまな心理的要因に理解が及び,一緒に共感できる心構えができる。すなわち,自己理解が高まると同時に他者受容や人間理解の感情が生じてくる。教師として自分の生き方の心理的要因を把握し理解することによって,児童・生徒理解が深まり,その結果,児童・生徒との情緒的交流がより豊かに展開されることになる。　　　　　　　　　　　　　　　　　　　　　　　［岩田］

参考文献　平木典子『カウンセリングの話』朝日新聞社,2004

第7章 学校カウンセリングと生徒指導、心理療法

問題 47　カウンセリングの方法としてのクライエント中心療法，指示法とは何か。それぞれの特徴と活用法を述べよ

クライエント中心療法とその活用法　心理療法やカウンセリングを世に広めた人として世界的に有名な臨床心理学者であり，長年にわたって心理療法をおこなっていた実践家でもあるロジャーズ（Rogers, C. R.）が創始した，カウンセリング（心理療法）の立場である。

日本では1951（昭和26）年にはじめて紹介され，「カウンセリングといえばロジャーズ」といわれるくらい，わが国のカウンセリングの発展に強い影響を与えた。

彼がクライエント（来談者）中心という考えを提唱した1940年代は，心理療法の中心は医師による精神分析であり，患者と医師の関係は「患者とは病んで自分では治せない人であり，医師とは患者のことを患者より知っており，患者を治すことのできる人」という関係で心理療法がおこなわれていた時代である。クライエントの問題や生育歴などを分析し，原因ならびに処方を指示しようとする従来の方法に対し，彼は「非指示的」態度の重要性を主張した。

すなわち，クライエント中心療法とは，人間は本質的に自分から成長していく能力をもち，自己の一貫性を維持して自己実現をめざす存在であり，その意味で，心の問題の解決や治療をするのは，その問題をもつ人自身であるという考え方に基づく。クライエントの人間性，その成長や成熟への動機と自由な感情表現や自己表現を重視するのであって，技法として「非指示法」を強調しているわけではない。カウンセラーがするべきなのはクライエントに対し，原因の指摘や解決法の提供などではなく，クライエントが自分の問題に責任をもって取り組めるよう，今まさにクライエントが経験しつつあることを，解釈や分析抜きでそのまま受けとめて，その気持ちや見方などを共感をもって理解していくことだとした。

ロジャーズは，クライエントの主体的な成長力を尊重するカウンセラーの態度を中核に据え，①**純粋性（自己一致）**（カウンセラーがクライエントに対して

偽りのない姿でいること，誠実でいることをいう。カウンセラーがクライエントとの面接中に体験する感情を「意識化していくこと」，その感情をクライエントに率直に「表明すること」が含まれる。），②無条件の積極的関心，③共感的理解（②③問題46参照）の3条件をあげている。

　カウンセリングの理論や技法はさまざまな立場があるが，この3つは，どの立場のカウンセラーであっても共通する基本的態度であると考えられている。

　教育活動においては，生徒と教師相互の信頼関係を築くこと，人間関係を深めるために効果的に活用できる。また，人生観に関して悩みごとをもっているなど，ものの見方についての「統一」や「首尾一貫性」を保つことが問題となっている場合は，自分について，あるいは自分と他人，自分と社会との関係について，生徒自身に充分に考えさせることが問題解決の中心となり，クライエント中心療法の諸技法が有効な方法であるとされる。

　さらに，対個人の関係にとどまらず，**エンカウンターグループ**（人々が一定時間を共に過ごし，それぞれの思いや問題などを話し合うなかで，人間的な深い交流が起こったり，各人各様の心理的成長を促すグループ体験）から発展した**構成的グループ・エンカウンター**は今日，学級活動等で幅広く活用されている。

　指示法とその活用法　一方，指示法（**指示的カウンセリング**）とは，**ウィリアムソン**（Williamson, E. G.）が提唱した，カウンセラーがクライエントについて多くの資料を集め，さらに面接によって得た内容に基づいて，クライエントが悩んでいる問題に対して適切な指導・助言を与え，それによって適応できるようにする方法である。

　ウィリアムソンによれば，カウンセリングの技法として，次の5つがあげられている。①適合の要請：クライエントに対して環境に妥協し適合するように要請あるいは強制する。②環境の変革：問題の原因が環境にあるときには，これを変えるように指示する。たとえば，子どもに問題があるとき，親のしつけ方を改めさせる。③適正環境の選択：環境を全面的に改めるのではなく，適正な部分だけを選択させる。④必要な技能の学習：正しい適応をするために必要な技能（たとえば，集団内の遊び方）を学習させる。⑤態度の変化：来談者自

体の態度を変えて適正な行動ができるようにする。

　教育活動では，受容や共感的理解に基づく児童・生徒理解と人間関係を大切にしながらも，指示・説得・助言等のはたらきかけが必要となる場合が多くある。

　進路決定，進学指導に関しては「選択」が問題となるのであって，合理的な計画や意志決定が問題解決の目標なのであるから，a．さまざまな可能性を調べる。b．可能性を創り出す。c．可能性を分類したり，整理したり，その得失を評価したりする。d．時間関係や空間関係を考慮して，枝分かれ構造をもった計画を立てる。e．計画を実行に移す。などの事柄について必要な援助――生徒が判断をするために必要な情報を与える――をしなければならない。

　行動を好ましい方向に変容させるということが主要な課題，すなわち「変化」が問題となっている場合は，「行動変容（行動修正）」の技法を充分に活用することができる（問題52「行動療法」参照）。指示法のひとつである行動療法的なカウンセリング技法は，第三者が行動をコントロールすることによって行動を改善する方法で，好ましくない習慣や行動傾向を消去したり，好ましい習慣を形成しようという場合には，有効な手段となる。

　今日，学校においても急速に広がっている**ブリーフ・カウンセリング（セラピー）**も介入の効果と効率を重視する指示法である。問題を見据え，その原因の探索と除去により問題解決をはかる「問題志向モデル」と，現実に達成可能性の高い目標を具体的に設定し，問題の起きていない例外的な成功経験を賞賛するなどの技法を用いて介入する「解決志向モデル」がある。生徒指導モデルのひとつとして活用できる。　　　　　　　　　　　　　　　　　　　　　　　　［岩田］

参考文献　永野重史『教育心理学通論：人間の本性と教育』放送大学教育振興会，2001

問題 48　カウンセリングの技法について説明せよ

　カウンセラーとして必要な態度(問題47参照)を基礎としてカウンセリングは展開されるが，カウンセリング場面に用いられる基本的な技法は次のようなものである。これらの応答は，ただ漫然とクライエントの言葉の意味やその内容を聞いているのではなく，より積極的に相手を分かろうとする働きかけとして聴くことで，これを**積極的傾聴**という。この積極的傾聴の習得はロールプレイ (カウンセラー役 (聴き手) とクライエント役 (話し手) になってカウンセリング場面を体験し，それをもとに，カウンセリングに必要な態度や応答の技法を学ぶ) による体験学習が可能である。

　a. **簡単な受容**──クライエントの語ることを傾聴するとともに，クライエントの表情や態度にも深い配慮を払い，相手そのものを聴くことである。クライエントの発言をしっかりと聴いていることを「うん」「ええ」「はい」「ああ，そうですか」など短い応答により，簡潔に表明することによって，承認や肯定を積極的に表現する。クライエント自身が自分を語ることを促進する。

　b. **繰り返し**──クライエントの発言のなかで重要なフレーズや単語，クライエント自身に深くかかわる感情を表現した場合，その言葉をそのまま繰り返すことである。これによってクライエントは話し続ける勇気が与えられ，自分を探り，より内面をみるように促進される。カウンセラーはなるべく自分の感情を入れない。

　c. **感情の反射**──クライエントの表明した感情や非言語的な反応 (表情や態度，言葉の調子) に対して，カウンセラーが言語化して繰り返すことである。

　d. **明確化**──クライエントの発言，あるいは発言しようとしたことをカウンセラーが代わって明らかにすることである。クライエントが表現したこと，表現したいことの意味を明らかにしていく。たとえば，クライエ

ントがはっきりと表現するのに困難を感じているときに，カウンセラーは自分の言葉でクライエントのために明確化し，考えや感情をまとめて返すことで，相手がそれを受け入れるか，拒否するか，手直しするかなど反応を待つ。また，カウンセラー自身が理解できないことを明確化する側面も含まれる。

e．**直面化**――クライエントの感情や感じていること，無意識的に述べていることの感情を感じ取り，感情的な意味を伝えることで，クライエントのかかえている本当の問題やテーマとの対決を促す。この場合，カウンセラーが自分の視点から相手を解釈するので，クライエントがカウンセラーの解釈を受け入れられるようになるまで，そうした信頼関係ができるまで直面化は待つことが基本となる。

　その他に，**解釈・説明**（カウンセラーの考えや価値観でリードする。説明にはカウンセラーの批判や価値判断が入るので，クライエントが吸収できるようになるまで待つことが基本となる），**勇気づけ**（「私が支えます」「どうぞ頼ってください」という意味），**保証**（「それで大丈夫ですよ」とクライエントに問題を乗り越える自信が感じられる場合に解決に向けて一歩踏み出すために使う），**提案**（穏やかな形の忠告。使う場合は具体的に行動の方向性を示す。クライエントがあくまで自分の考えを実行するかどうかは選択できる余地を残す）などがある。カウンセリングはクライエントの自立をめざすので，クライエント自身が自分で問題を解決し，クライエントの自立を促進する，aからdの技法を多く使うことになる。

　eやその他にあげた技法は，カウンセラーへの依存を促進するが，クライエントがとても問題を乗り越えられそうにない，自信がないという場合には，少しカウンセラーが後ろから支え，勇気づけたり，保証したりという，これらの技法を使うことも必要である。しかし，これらの技法を使う場合は，自分の好む方向に引っ張っていないか，自分の経験に当てはめようとしていないか，相手を依存させていないか，という点を吟味する姿勢が必要となる。　　　　［岩田］

参考文献　ベンジャミン，アルフレッド（林義子・上杉明訳）『カウンセリング入門：支援する心と技術』春秋社，1997

問題 49　学校カウンセリングにおけるスクールカウンセラーと学級担任の役割について説明せよ。また養護教諭の役割についても述べよ

　不登校，いじめなどの問題が複雑になり，学校で「心の教育」を取り上げることが必要だといわれるようになってきて，これまで，校内で，教員によっておこなわれてきた教育相談活動に加えて，専門家による対応が求められるようになった。**スクールカウンセラー**は，学校のなかで活動する時間が，教員に比べて少ないため，生徒と直接接する機会は限られるが，ひとりひとりの児童・生徒について，専門家として発達的な視点をもちながら，さまざまな側面から，長期的な見通しをもって，丁寧に掘り下げて理解することが期待される。学校カウンセリングにおけるスクールカウンセラーの果たす役割は次の通りである。

① カウンセラー——スクールカウンセラーは，生徒からの相談に応じて，生徒が抱えている問題や悩みを聞き，生徒の気持ちに寄り添って一緒に考えたり，時には助言をしたりすることを通して，生徒の適応を支援したり，生徒のこころの成長を援助していく。保護者からの相談にも応じる。

② 教師への**コンサルテーション**——担任教師や養護教諭，あるいは管理職などから，生徒の問題行動について話を聞き，その生徒に対する対応について助言や指導をおこなう。

③ 校内研修・心理教育——教員，PTA などの要請に応じて，生徒や保護者，教員を対象とした，校内研修や心理教育を実施する。たとえば，校内研修会で，スクールカウンセラーが講師となってスクールカウンセリングについての研修をおこなったり，PTA の講演会で，「思春期の子どもの心理」について話題を提供することなどがあげられる。

④ 教育相談の体制づくり——相談することがプラスに働くと実感できるような校内の体制づくりをする。相談室の運営の仕方などは，学校の実情に即して工夫してつくっていくことが多い。

⑤ 専門機関との連携——必要に応じて，学校外の専門機関への橋渡し役がとれるように，日頃から，地域で活用できそうな専門機関との情報交換を

おこなう。たとえば、軽度発達障害が疑われる生徒について、医療機関を紹介できるように、その地域の情報を集めておくことなどがあげられる。実際には、学校の現状にあわせて、これらの役割をとっていくことになる。

学級担任は、学級の生徒に対して、ある期間、継続してかかわることになるため、ひとりひとりの生徒の能力や適性、性格、家庭環境などについて理解しながら、生徒指導をおこなう役割を担うことになる。生徒にとって学級は、学校のなかでベースキャンプ（基地）であり、学級の雰囲気は、生徒にさまざまな影響を与える。学級担任の学級経営は、学級集団のあり方を左右する。すなわち、学級担任は、学級集団のなかで、生徒同士の人間関係について、ひとりひとりの生徒がどのような立場にいるのか把握し、互いに成長しあえるような好ましい人間関係が築けるように、指導したり、援助することが求められる。授業の場面や、行事の場面など、さまざまな集団活動をとおして、生徒ひとりひとりが**自己存在感**をもてるような雰囲気づくりが大事である。また、学級担任は、学校生活や進路について相談をおこなうこともあるので、日頃から、生徒との信頼関係を築いていくように心がけることが必要である。

養護教諭は、「児童・生徒の養護をつかさどること」が職務となっている。心と身体の健康を維持する立場で、学校に在籍する全ての児童・生徒にかかわる。保健室は、評価や成績とは関係なく、具合がよくない時には体を休めたり、教室に入りづらい生徒が居場所として利用するなど、相談的な機能を果たしていることが多くみられる。養護教諭は、保健室に出入りする生徒とのかかわりを通して、校内で安心できる場を提供するだけでなく、問題をかかえた生徒のサインに気づくことが役割として求められる。　　　　　　　　　　　　　［菊池］

参考文献　佐々木雄二編『図で読む心理学　生徒指導・教育相談』福村出版，1991

問題 50

生徒指導の意義を説明し，生徒指導と教育相談の関係についても言及せよ

　21世紀を迎えて，IT化や少子化など，社会的環境の変化に対応した学校教育のあり方が問われている。「新しい学力観」に基づいて，幼稚園から高等学校までの教育課程の見直しをおこない，文部省は，1989年，学習指導要領の改訂をおこなった。生徒指導は，学校教育においては，教科や道徳のように教育課程に基づく指導とは位置づけられていないため，学習指導要領のなかで，指導の目標や内容については明らかにされていないが，生徒指導の充実をはかることは重要であると明記されている。

　生徒指導とは，児童・生徒ひとりひとりの個性を伸ばしながら，同時に社会的な態度を育てて，将来にわたって，**自己実現**ができるような資質や態度を育てていくための指導や支援活動であり（文部省，1981），生徒ひとりひとりの個性に応じた**自己指導力**を育てていくことを目標とした教育活動である。

　自己実現とは，人間としての資質や能力を生かした人格の統合的な成熟をさす。**マズロー**は人間がもつ欲求を階層的にとらえた時，この概念を最上位に位置づけ，生理的欲求が満たされても**自己実現欲求**が満たされないと，人間は幸福感がもちにくい存在であると考えた。

　自己指導力とは，自分の個性を伸ばす過程で，自ら自分の課題をみつけて，適切に解決できるように方法を考えたり，選んだり，問題を処理する力をさす。生徒指導は，学校のなかのさまざまな機会を活用して，このような力を育てていくためにおこなう教育活動である。

　生徒指導に取り組むにあたって，教師は，実際に，児童・生徒の発達段階を踏まえて，児童・生徒の集団の特徴に応じて，きめ細かく計画をたてると同時に，学校の地域に応じた工夫を取り入れるなど，幅広いものの見方や柔軟さが要求される。このような教育的な配慮に基づいた，児童・生徒に対するかかわりは，学校生活において，生徒に自己存在感を与えることになり，生徒に自己決定の場を提供することにもなる。また，教師は，生徒指導を通して，生徒と

の共感的な関係を育んでいくことになる。教師がおこなうさまざまな教育活動の場面で，このように，生徒指導が機能することは，教育課程に基づく指導をより円滑にすすめるための基盤になるといっても過言ではない。さらに，将来にわたって，児童・生徒の人格形成をしていくうえで果たす役割は大きく，学校教育のなかで意義をもつといえるだろう。

教育相談とは「一人ひとりの子どもの教育上の諸問題について，本人又はその親，教師などに対して，その望ましいあり方について助言指導することを意味する。言い換えれば，個人の持つ悩みや困難の解決を援助することによって，その生活をよりよく適応させ，人格の成長への援助を図ろうとするものである」(文部省，1981) と定義されている。

学校において，不登校，いじめ，非行，暴力，学業不振など，さまざまな問題が教育相談で取り上げられているのが現状である。生徒指導は，不特定多数の児童・生徒を対象として集団指導や個別的指導によっておこなわれる教育的活動であるのに対して，教育相談は，不適応や，何らかの問題行動がみられる児童・生徒に対して，問題の解決や支援を目的とした個別的指導による教育活動である。生徒指導との関係では，生徒指導のなかに含まれることになり，個別的な生徒指導として位置づけられる。　　　　　　　　　　　　　　　[菊池]

参考文献
文部省『生徒指導の手引(改訂版)』大蔵省印刷局，1981
高橋超編『生きる力が育つ生徒指導と進路指導』北大路書房，2002

問題 51　生徒指導の方法について述べよ

　生徒指導は，児童・生徒ひとりひとりの自己実現に向けてそれぞれの個性を伸ばすために，おこなう教育的活動である。生徒指導を実践するにあたって，教師はいくつかの指導原理に基づいておこなうことが求められる。第1に，児童・生徒は成長の途上であり，未成熟の部分があることを踏まえて，ひとりひとりが教師と同じ人間として尊重されることが大事である。第2に，児童・生徒ひとりひとりが独自の個性をもつ存在であることを認めて，ひとりひとりについて理解を深めて，指導をおこなうことが重要となる。第3に，教師は，児童・生徒に対して一方的に働きかけて行動を規制するよりも，児童・生徒の発達を支援するという原理に基づいてすすめることである。

　これらの指導原理を踏まえて，生徒指導の方法について述べる。ひとりひとりの児童・生徒が自分の個性を生かしながら，現在の生活に適応できるように指導，支援する方法には，個人に対して働きかけていく**個人的指導法**と，集団に対して働きかけていく**集団的指導法**とがある。

　個人的指導法といっても，その内容は多岐にわたる。たとえば，教師が，学校内で，生徒に対して，個別に校則違反を指導することや，学級担任が，年度当初に受け持ちの生徒と面接をおこなうことなど，さまざまな活動があげられる。また，教師が，個別に，児童・生徒がかかえている悩みや，問題に対して，解決できるように助言したり，支援をおこなうこともある。

　教育相談における**カウンセリング**は，生徒指導の個人的指導法の1つとして位置づけられる。教師は，児童・生徒の話に耳を傾けて，受容し，共感的に理解しながら，必要に応じて，自ら振り返りができるように働きかけ，子どもの自発性を尊重しながらかかわることになる。学校への不適応を訴える子どもが増えている現状を考えると，これからの教師は，子どもとの1対1の関係のなかで，子どものニーズを理解しながら，成長に向けての発達課題をとらえて，働きかけていくことがますます求められるようになるだろう。

さらに，新しい学習指導要領（2001）では，生徒指導について，**ガイダンス**の機能の充実をはかることが重要であると指摘されている。ガイダンスでは，学校適応，進路選択，教科選択など，生徒が遭遇する問題について，教師が個別に相談指導にあたる。カウンセリングがどちらかといえば，治療的なかかわりとして機能するのに対して，ガイダンスは，より開発的なかかわり，予防的なかかわりとして機能することになる。

　集団的指導法は，集団へのかかわりを通して，生徒指導をおこなう方法である。子どもの社会性を育てていくうえで，学校という集団の特性を活かして，集団へのかかわりを通して，生徒指導をおこなうことは重要である。学級のなかで，児童・生徒は，自分とは異なる個性や価値観をもつ他者と一緒に生活することになる。そして，児童・生徒の発達段階に応じて，班や，係，日直，当番，委員などの役割をとることを任される。

　教師の役割は，児童・生徒が係活動，特別活動，行事などを一緒に協力してやり遂げ，責任をもって取り組めるように，見守り，生徒指導をおこなう。すなわち，教師は，それらの活動に展開されている人間関係に注意を払いながら，集団として成長するための課題を示したり，必要に応じて個別的な助言，励ましといった働きかけをおこなう。そして，集団へのかかわりがうまく機能しているとき，集団のなかでの体験を通して，子どもは自分と他者との違いに気づき，違いを認めていくことの大切さを学ぶことになる。

　生徒指導の目的は，個人の自己実現をめざすことであり，そのことは尊重されなければいけないが，個人主義に陥ることのないように，集団的方法では，集団的なかかわりを通して，子どもがそれぞれ，自己実現をめざして，お互いを認めあうような生徒指導をすすめていくことが重要である。　　　　［菊池］

参考文献　高橋超編『生きる力が育つ生徒指導と進路指導』北大路書房，2002

問題 52　代表的な心理療法について述べよ

　現在，さまざまな学派の理論に基づく心理療法の数は数え切れないほどである。そのなかで学校において児童・生徒理解あるいは教育的支援をおこなううえで知っておくことが望ましい心理療法について，理論モデル（心理的問題の成因と介入方法についての理論）と技法から代表的なものを概説する。まず，代表的な理論モデルとしては，個人の内面に介入する，**精神分析療法**，**クライエント中心療法**（問題47参照），個人の行動に介入する，**行動療法**，**認知行動療法**，社会集団に介入する，**コミュニティ心理学**があげられる。また，技法としては，専門相談機関において児童・生徒を対象に使用することの多い，遊戯療法，箱庭療法をあげた。

理論モデル

　精神分析療法——1890年代後半から1930年代後半にかけて，**フロイト**（Freud, S.）によって創始され，さらに，その後，多くの後継者たちによって漸進的に発展され続けている心理学的な学問体系であり，心理療法的な面接法でもある。精神分析では，人間の意識や行動は本人自身によっても気づかれぬまま，無意識によって大きく規定されていると考える。無意識の世界を知ることは，児童・生徒理解を深化させるだけでなく，問題の改善に役立つこともある。また，自我が**無意識（イド）**の願望・**超自我**（心の中の良心の部分）・外界の状況との間の調整を適切におこなえない場合に不安が生じると仮定し，自我の安定のための**防衛機制**が適切に機能しなくなった場合に，さまざまな心理的問題が発生すると考える。防衛機制には，**置き換え**（ある対象に向けていた欲求や感情を，別の対象に移し変えること）・**合理化**（失敗による恥，罪悪感などの苦痛に耐えられないとき，もっともらしい理由をつけて正当化しようとすること）・**逃避**（適応困難な状況や不安から退くことにより，心の安定を得ようとすること）などがあり，児童・生徒の問題行動の背景となる意味を考えるうえで参考になる。

行動療法——1950年代末から60年代のはじめにかけて，ウォルピ（Wolpe, J.），アイゼンク（Eysenck, H. J.）らによって形づくられてきた援助技法である。行動療法の特徴としては，①観察可能な行動または症状そのものを介入対象とする，②行動は「刺激－反応」の図式によってとらえられるものとする，③不適応行動も適応的な行動と同様に，学習の原理に従って特定の状況のもとでおこなった誤った学習または未学習の結果と考え，学習訓練手続きを用いることによって，不適応行動を消去し，その軽減や除去をし，それに替わる，望ましい新たな行動の獲得を目標とする。

代表的な技法としては，系統的脱感作（不安や恐怖反応を引き起こしている状態に対して，それらと両立しない弛緩反応を同時に引き起こすことによって，不安や恐怖反応を段階的に消去する方法），オペラント条件づけ法（目標行動が生じた時だけ特定の強化子を呈示する方法），モデリング法（モデルの望ましい行動を直接あるいは映像で見せ，学習者がそれを模倣することによって適応行動を習得させる方法）がある。

認知行動療法——心理的な問題や症状は，その認知過程における認知の歪み（一度の出来事から得た認識を過剰に幅広い場面に適用する「過度の一般化」や，よいか悪いか，白か黒かで，中庸を許さない極端な考え方をする「二者択一的思考」が代表的）に媒介し発生すると考える。代表的な方法としては，セルフ・モニタリング法がある。この方法は，日常的に，ある状況において生じた情緒や思考を記録することをホームワークとして課し，クライエントが自ら日常生活を観察し，感情・思考パターンに気づき，変化のきっかけをつくることをめざしている。認知行動療法は援助法であると同時に，教育・訓練でもあり，自己援助法の習得を可能にする方法といえる。

コミュニティ心理学——地域社会で生活を営む人々に対する，心の問題の発生予防，心の支援，社会的能力の向上，生活環境の整備，心に関する情報の提供などをおこなうと定義され，スクールカウンセリングの理論モデルとなっている。理念として①率先してコミュニティに出かけていくなどコミュニティ感覚をもつこと，②援助する対象者を心理的に理解するのみならず，社会的文脈でとらえること，③予防的ネットワークを築く，つまり治療より予防が優先さ

れること，④対象者の病んでいる部分や脆弱な部分を修復することより，より健康な部分や何らかのきっかけで損なってはいるが本来はもっているパワーに働きかけてエンパワーメントすること，⑤対象者をとりまく地域住民など，非専門家の人と協働すること，を踏まえ，危機介入やコンサルテーション（問題49参照），あるいはコミュニティにおける予防と啓発等をおこなう。

技 法

遊戯療法──原則として，子どもを対象に，遊びを主なコミュニケーションの手段としておこなわれる心理療法のひとつである。子どもと治療者の人間関係を通じて，主に性格や行動上の問題を解決し，その子どもの人格の発達の促進を目的としている。標準的な方法としては，さまざまな遊具や玩具が備えられたプレイルームで，子どもが治療者と1対1で遊ぶことが中心となる。遊具や玩具は，子どもの感情表現を援助するものであることを基準に選択される。通常，1週から2週に1回，45分から60分のセッションがおこなわれ，子どもの親にも別の面接者がつく「母子並行面接」がおこなわれることが多い。

箱庭療法──**ローウェンフェルト**(Lowenfeld, M.)のアイディアをもとに**カルフ**(Kalff, D.)が発展させたイメージを媒介させた治療技法のひとつである。「砂箱（72 cm×57 cm×7 cmで内側が青く塗られている）」のなかに，ミニチュア玩具を用いて，自由に心の内的世界を表現させる。砂に触れ，こねることからくる適度な退行により，心のより深い部分の表現が可能となることが指摘されている。また，箱庭には作った人の無意識的なイメージが投影されており，治療者は箱庭を理解しようとする場合，どこに何が置かれているかだけではなく，作品全体のバランスを見ることが重要とされる。カルフによると，箱庭療法を子どもに実施すると，治療者と子どもとの間に信頼に基づく母子関係に似た「母子一体性」が築かれ，この関係が子どもの自己治癒力を促し治療が進展するとしている。

［岩田］

参考文献 下山晴彦編『よくわかる臨床心理学』ミネルヴァ書房，2003

第8章　障害児の心理と教育

問題 53　障害児の定義と判定基準について説明せよ

　障害の概念は，今，大きく変化している。2001年の世界保健機関（WHO）総会で採択された「**国際生活機能分類（ICF）**」は，障害をこれまでの医学的な概念規定から生物・心理・社会的な概念規定へと大きくシフトさせるものである。障害は，生物的な機能や構造の障害だけでなく，日常生活やコミュニケーション，学習，仕事などの活動が制限されること，家庭，学校，同一年齢集団，地域社会への参加が制約されることにあらわれてくる。障害は個人にのみ内在するのでなく，教育や社会に内在するものでもある。

　活動の制限や参加の制約は，生物的な障害によってのみ生じるのではない。活動の制限は，不十分な療育や教育によって影響を受ける。たとえば染色体異常のダウン症の場合，療育の開始が遅れたり，適切な教育がおこなわれなければ日常生活技能やコミュニケーション能力は大幅に制限され，集団生活が困難などそれによって社会参加が制約される。また社会参加が制約されれば，日常生活技能やコミュニケーション能力を発揮する機会が少なく，さらにそれらの能力の発達が制限される。

　一方，社会の側の物理的，制度的，心理的なバリアー，たとえば車椅子で利用できない施設，障害のある子どもへの偏見などが参加を制約する。ICFでは，活動や参加に影響を与える個人的，環境的因子，それらの相互的関係を明らかにし，現在のその人の活動，参加の状態を評価してニーズに応じた支援をすることを目的としている。

　このような傾向のなか，アメリカ精神遅滞学会（AAMR）は，**精神遅滞**を「知的機能と適応行動の両者における有意な制限で特徴づけられる障害で，18歳以前に発現する」と定義したうえで，その適用では環境やサポートとの関係を重視することとした（AAMR, 2002）。

学校教育法施行令第23条の3に規定する就学基準

区分	心身の故障の程度
盲者	両眼の視力がおおむね0.3未満のもの又は視力以外の視機能障害が高度のもののうち、拡大鏡等の使用によっても通常の文字、図形等の視覚による認識が不可能又は著しく困難な程度のもの
聾者	両耳の聴力レベルがおおむね60デシベル以上のもののうち、補聴器等の使用によっても通常の話声を解することが不可能又は著しく困難な程度のもの
知的障害者	1. 知的発達の遅滞があり、他人との意思疎通が困難で日常生活を営むのに頻繁に援助を必要とする程度のもの 2. 知的発達の遅滞の程度が前号に掲げる程度に達しないもののうち、社会生活への適応が著しく困難なもの
肢体不自由者	1. 肢体不自由の状態が補装具の使用によっても歩行、筆記等日常生活における基本的な動作が不可能又は困難な程度のもの 2. 肢体不自由の状態が前号に掲げる程度に達しないもののうち、常時の医学的観察指導を必要とする程度のもの
病弱者	1. 慢性の呼吸器疾患、腎臓疾患及び神経疾患、悪性新生物その他の疾患の状態が継続して医療又は生活規制を必要とする程度のもの 2. 身体虚弱の状態が継続して生活規制を必要とする程度のもの

備考
一 視力の測定は、万国式試視力表によるものとし、屈折異常があるものについては、矯正視力によって測定する。
二 聴力の測定は、日本工業規格によるオージオメータによる。

学校教育においては、2002(平成14)年に障害の判断基準がこれまでのような医学的な数値基準を重視したものから表のような支援の観点を入れたものに改められた。　　　　　　　　　　　　　　　　　　　　　　　　　　　　　　[牟田]

参考文献
厚生労働省HP『国際生活機能分類：国際障害分類改訂版』2002
AAMR『精神遅滞：定義・分類・サポートシステム(第10版)』2002

第8章 障害児の心理と教育

問題 54　障害児教育の意義と方法について述べよ

　障害児教育は従来,「障害を克服して（治療して）健常者に近づく」という考え方のもとにおこなわれてきたが，その背景には，障害を否定的にとらえ，障害のある人自体を否定的にみる見方が存在した。現在，特別なニーズ教育への転換がはかられているが，これは，障害を個人に内在するもので，個人の努力で克服するものという考え方から，その子どもの活動や参加のニーズを満たすために通常の教育では不足する特別な支援をおこなうものであるという考え方への転換である。日常生活・コミュニケーション・学習などの活動をおこない，社会性を身につけ，集団の一員として参加をしたいという子どものニーズは，障害の有無とは関係なく誰にでもある。しかし障害のある子どもの場合はそのニーズを満たすために特別なカリキュラム，指導方法，環境の整備が必要であり，それを提供することが障害児教育である。

　障害のある子どもへの支援は，**特別支援学校**（仮称。現行は**盲学校**，**聾学校**，**養護学校**），**特別支援教室**（仮称。現行は**特殊学級**および**通級指導教室**），そして通常の学級でおこなわれる。特別支援学校は多くの支援が提供できる場であり，地域の学校にいる障害児への支援もおこなう。特別支援教室は，通常の学校内にあり校内の障害児への支援の拠点である。週に1～8単位時間，通常の学級にいる軽度の障害のある子どもに心身の障害に応じた特別な指導をおこなう通級による授業の形態，一日の大半をそこで特別な指導をおこなう形態の両方がある。

　支援の内容としてはまず，早期発見早期教育が必要とされる。早期に障害を発見し，障害のある面もない面も全体としてバランスよく発達するように，また周囲の理解を促してよい相互作用ができるように支援する。脳の可塑性の大きいうちにおこなう早期教育は生物学的な障害の変化をもたらす可能性もあるだろうが，それだけではなく，意欲の喚起と持続，よい習慣の形成，家族や周囲の人たちの理解もふくめた支援が，よい相互作用を生み発達を促進させる。

たとえば，自閉症の早期発見と早期からの教育がすすんだことにより，全体として自閉的な症状が軽減されている。それは，自閉症の子どもが受け入れ理解しやすい視覚的な手がかりをコミュニケーションに取り入れることにより，課題に取り組む基本的な態度が身につき，きちんと達成できることにより意欲が喚起され，一方集団に参加できるような配慮をする，家族をはじめ周囲の理解を促すという一連の支援の結果と考えられる。

　障害のある子どもへの教育は，障害があっても，もっている強い能力を利用しながらその子どもの個性を生かして自己実現できるように支援することである。障害や弱いところに焦点をあてて障害の軽減をめざす「治療教育」「**ボトムアップの教育**」，強いところを利用し適応をめざす「適応教育」「**トップダウンの教育**」の両者があるが，治療教育やボトムアップの教育だけに偏らないことが必要である。効果的な働きかけは，子どものもつ弱いところや強いところなど特性を評価し，弱いところは段階をおって，また強いところで補うといった方法によって可能になる。たとえば不器用で書字が困難な子どもに，手の協調運動の促進や鉛筆の使い方を段階的に教えるという支援と，書字が困難でも豊かな文章表現が可能になるようにワープロでの文章作成を教えるという支援の両方が必要である。それとともに表現することが意味あるものとして作用する状況がなければならない。こうした教育は個別の教育支援計画，個別の指導計画に基づいて個々人の特別なニーズにあわせて行われる。

　また，環境要因との相互作用に目を向けることも大事である。障害のある子どもの生活の場である学校や学級集団が，障害のある子どもとの対等な関係を築き助け合うように教育することは，障害のある子どもが集団への所属感と安心感を基礎に，経験の場を広げ活動や参加を促進して自信をつけていくだけではない。障害のない子どもが学校での多様な人との共生を学び，対人的な問題解決能力を高め，将来の共生社会を担う力を育てることにもなる。　　　［牟田］

参考文献　山口洋史『これからの障害児教育：障害児教育から「特別支援教育」へ』ミネルヴァ書房，2004
　　　　高山佳子編著『はじめての特別なニーズ教育』川島書店，2000

問題55　障害の種類とそれぞれの特徴について述べよ

　特別支援教育の対象となる障害は，次のようなものである。
　視覚障害，聴覚障害，知的障害，肢体不自由，病弱，身体虚弱，言語障害，情緒障害，学習障害，ADHD（注意欠陥多動性障害），**高機能自閉症**等
　このうち情緒障害，学習障害，ADHDは，問題59，60で述べる。
　視覚障害　視力や視野などの視機能が十分でないために，全く見えなかったり，見えにくかったりする状態をいう。
　ものの形がまったく見えない場合，拡大装置などの使用で文字を読むことが可能な場合，視野が狭かったりものの形が歪んで見えるような場合がある。障害の程度により盲，弱視と分けられる。目の器官の障害，視神経の障害，視覚認知の障害など，医学的な原因もひとつではない。日常生活，移動，読み書きの学習などの活動が制限される。また安全に目的地に移動することを困難にする物理的なバリア，偏見や，見えないことでいっしょの活動から排除されてしまう人的なバリアなどの環境要因によって同年齢集団への参加が制約される。制限や制約が最小になるような教育的支援が必要になる。
　視覚障害教育では，文字を見ることができない場合，触覚による形や大きさの認識，点字の学習，コンピュータの操作の学習がおこなわれる。文字を読むことに視力や視機能を活用できる場合は，拡大装置の活用，弱視レンズの活用，また視覚によるものの認識の仕方などを学習する。子どもの個々の状態に応じた，文字等を拡大した教材・教具の使用，見えやすい照明の配慮も必要である。本を読み上げる読書機，パソコンの音声変換ソフトやマルチメディアソフトも活用される。
　聴覚障害　身の回りの音や話しことばが聞こえにくかったり，ほとんど聞こえなかったりする状態をいう。
　補聴器などを使用しても通常の話し声を聞きとることが困難な場合，残存聴力を活用することで，補聴器を使うと通常の話し声を理解することができる場

合，音が歪んで聞こえる場合などがある。障害の程度により聾，難聴と分けられる。医学的な原因としては，聴覚器官の障害，聴神経の障害，聴覚認知の障害などがある。聴覚障害があると，コミュニケーション能力の獲得，読み書きの学習，抽象的な概念の学習などの活動が制限される。また，聞こえることが前提の環境では情報が入らない，会話に加われないため聴者から阻害されるなど，参加が制約される。

聴覚障害教育では，残存聴力を活用して話しことばの習得を促す学習，手話や指文字，キュードスピーチ（口の形と指文字による手がかりの利用）によるコミュニケーションの学習がおこなわれる。抽象的なことばや概念，基礎教科の学習も必要である。年長になると，障害を含めた自己理解が必要になるが，それは参加の制約を最小にするための周囲の理解の促進とともにおこなわれなければならない。

知的障害　記憶，推理，判断などの知的機能の発達に遅れがみられ，社会生活などへの適応が難しい状態をいう。

他の人とのコミュニケーションが困難で日常生活で頻繁に援助が必要な場合，ときどき援助が必要な場合，特定の状況でのみ援助が必要な場合などがある。知的障害は，医学的には中枢神経系の高次機能の障害が発達期にあらわれる**発達障害**のひとつとされる。知的機能の発達の遅れは個別的に施行される知能検査でIQが約70以下をいう。遺伝子異常や母体の感染等により胎児期の何らかの問題によるものが約3分の1といわれる。知的障害は状態をあらわし，状態が軽度であるほど社会文化的要因と相対的な関係にある。さまざまな活動の制限と，偏見に基づく参加の制約がある。そのために自信をなくし，自分をそのような低い価値をもつ役割に固定化してしまい，さらに活動が制限されるという悪循環が起こりがちである。知的障害教育は，子どもの個々の状態に応じて，体力や運動能力，基本的な生活習慣，コミュニケーション能力，基礎的学力，社会性，職業能力の育成をめざす。これらの活動が発揮されるためには生活に即した内容であり，それらが活用できる生活環境があるという相互的な関係が必要である。

肢体不自由　身体の動きに関する器官が，病気やけがで損なわれ，歩行や筆

記などの日常生活動作が困難な状態をいう。

　脳性まひ，脊椎損傷，筋ジストロフィーなどで生じた運動の障害であるが，活動の制限や参加の制約によって心身の発達が影響を受ける。肢体不自由教育では，各教科等の指導とともに，自立活動として，座位の保持や起立・歩行の指導，衣服の着脱，食事，排泄等の日常生活動作の指導，コミュニケーションの指導，書写に必要な上肢の運動・動作の指導などをおこなう。学校でできるだけ自立した生活ができるよう，手すり，スロープ，エレベーターなど施設・設備の整備が必要である。またコンピューターやさまざまな代替コミュニケーション装置や道具が活用される。

　病弱・身体虚弱　病弱とは，慢性疾患等のため継続して医療や生活規制を必要とする状態，身体虚弱とは，病気にかかりやすいため継続して生活規制を必要とする状態をいう。

　長期の入院が必要な病気，喘息などの場合がある。病弱・身体虚弱教育では，医療機関との密接な連携のもとに，各教科の指導とともに，病気の回復や克服のための知識や習慣を身につけたり，回復意欲の向上をはかったりする指導もおこなう。

　言語障害　発音が不明瞭であったり，話しことばのリズムがスムーズでなかったりするため，話しことばによるコミュニケーションが円滑に進まない状態をいう。

　口蓋裂など口腔器官の障害や，発達上の何らかの問題を背景とする。言語障害があるとコミュニケーションが制限される。また読み書きの学習に影響することもある。会話がスムーズにできないと人とのかかわりに挫折感や不信感をもち自信を失うなど，参加が制約される。遊びや会話などを通して，正しい発音や楽に話す方法の指導がおこなわれる。

〔牟田〕

参考文献　鮫島宗弘監修『障害理解への招待』日本文化科学社，2000

問題 56 ノーマライゼーションの思想と特別なニーズ教育について述べよ

ノーマライゼーション　ノーマライゼーション（normalization）は，障害のある人，高齢者，病気の人など社会的に不利な立場におかれている人が，一般の人と同じ人権の主体として尊重され，人間として尊厳を維持できる生活が可能になるように教育，福祉的サービスが提供されなければならないという思想である。

　もともとは，隔離され，制限されていた知的障害のある人の生活を社会の主流と同じものにする運動として北欧でおこり，デンマークのバンク - ミッケルセン（Bank-Mikkelsen, N. E.），スウェーデンのニルジェ（Nirje, B.）らによって明確なものにされた。その後，ウォルフェンスベルガー（Wolfensberger, W.）により，北米にこの思想が広められた。彼は，障害のある人に，可能なかぎり通常の手段を用いてその属する文化において標準的な生活をすることを目標とすることと定義した。この思想は，その後世界中に広がり，障害のある人の人権を守り，ノーマライゼーションを推進するという国際的レベルでの活動は，「完全参加と平等」というテーマとして，国連での国際障害者年等の行動計画のなかで実現がはかられている。

　ノーマライゼーションの思想のポイントは次のようなものである。
- 障害のある人の人権を尊重すること。障害のある人は社会の厄介者，お荷物という考え方は過去のものであろうが，かわいそうな人なのでお世話をし，福祉を施すという考え方には，障害のある人を自分たちより低い位置に置き優位な立場から憐れみを施すという，同じ人権の主体であるとみていない態度である。
- 通常の生活が可能になるための特別なサービスを受ける権利をもつ。サービスは人としての尊厳を維持するための当然の権利であるという考え方である。特別な教育や福祉サービスは財政的な問題を伴うため，このことについての理解と社会的な合意が重要である。また，サービスはできるだけ

通常の手段を利用しておこなわれなければならない。たとえば，特別な教育サービスは，できるだけ制約の少ない通常の学級で，福祉サービスは地域での生活のなかでおこなわれることなどである。
○障害のある人の主体性ができるだけ尊重される。障害のある人が自分の意思を主張できるようにし，その意思が尊重されるようにする。本人の意見を聞かずにサービスを押し付けたり，本人を無視して重大な決定をすることを避ける。そのためには，本人が自分の意思に気づき表現できるように支援することも必要である。以前はとくに知的障害のある人はそのような意思の表現はできないと思われ，またしてはいけないとされてきた。しかしコミュニケーションの方法を工夫し彼らの表現が受け入れられれば，考えられていた以上に可能であることがわかってきた。
○障害のある人などがいる社会が「ノーマル」な社会である。人は生物的にも心理・社会的にも完全な存在ではない。一定の割合で障害のある人や病気の人，高齢者が存在することは当然である。特にこれからは，少ない資源を分け合ってさまざまな人たちが共生する，誰にとっても生きやすい社会が求められているのである。

特別なニーズ教育　ノーマライゼーションの思想が教育で実現されるものが特別なニーズ教育である。特別なニーズ教育とは，誰もが共通にもっている教育ニーズを通常の方法では充足できない場合に，特別な教育ニーズがあるとして，その特別なニーズに応じて特別な教育計画，指導法，設備等の支援を提供する教育のことをいう。

1994年にユネスコとスペイン政府が共同開催した特別なニーズ教育に関する世界会議で採択された「**サラマンカ声明**」で，特別な教育的ニーズを有する人の教育が通常の教育システムのなかで提供されなければならないと宣言された。アメリカの「IDEA（障害のある個人の教育法）」(1975年制定の全障害児教育法を1990年に改正)，イギリスの「ウォーノック報告」(1978) においても障害のある子どもへの特別なニーズ教育が方向づけられている。世界的な動向では，障害のある子どもだけでなく，ストリートチルドレン，言語的・文化的マイノリティの子どもなども含めて，すべての子どもへの教育 (Education for all) をめ

ざしている。

わが国でも国際的な動向を受けて、文部科学省によって「21世紀の特殊教育の在り方について（最終報告）」(2001)がまとめられ、「従来の特殊教育は、盲・聾・養護学校や特殊学級などの特別な場において、障害の種類や程度に応じて行われてきたが、これからの特殊教育は、障害のある児童生徒等の視点に立って児童生徒等の特別な教育的ニーズを把握し、必要な教育的支援を行うという考え方に転換する必要がある」とされた。そしてこれを受け、2003年には「今後の特別支援教育の在り方について（最終報告）」がまとめられた。特別支援教育は、従来の対象だった障害の重い子どもだけでなく、通常の学級において学習や学校生活につまずいている子どもへの支援を新たにおこなう。

特別なニーズ教育は障害のある子どもを隔離するのでなくできるだけ通常の教育のなかでインクルージョン教育としておこなわれなければならない。それは必要に応じた教育的支援を多様に重層的に用意することと解釈される。わが国の**特別支援教育**では、軽度の発達障害のある子どもを通常の学級で支援する、特殊学級を**特別支援教室**として学校全体で障害のある子どもを支援するといったかたちでインクルージョンの考え方を取り込もうとしている。また、盲・聾・養護学校を特別支援学校として地域の障害のある子どもも支援するとともに、特別支援学校の児童・生徒の学籍を地域の学校にもおくことが検討されている。

[牟田]

参考文献
SNE学会編『特別なニーズと教育改革』クリエイツかもがわ，2002
堀正嗣『障害児教育とノーマライゼーション：「共に生きる教育」をもとめて』明石書店，1998
ベンクト・ニィリエ（河東田博ほか訳編）『ノーマライゼーションの原理：普通化と社会変革を求めて』現代書館，2004

問題57 障害のある子どもの学習指導の方法について述べよ

　障害のある子どもに対して，**個別教育支援計画**を作成してそれぞれの教育ニーズに応じた指導をすることが求められている。個別教育支援計画には，障害のある子どもについての実態把握による現在の状態，そこから明らかにされる教育ニーズ，教育目標，支援の方法，評価の方法などが記載される。指導の内容を具体的にしたものを**個別の指導計画**と呼ぶ。教育目標や支援の方法を明確にしておくことによって，複数の指導者，学校と家庭が共通理解のもとに子どもに対応でき，指導者が交代しても指導の継続性が保たれる。

　まず，一般的な指導法について5点述べる。

　第1に，適切な指導目標を設定する。現在の達成水準を把握し，少し努力すれば，また少し援助があれば達成できることを目標にする。困難度の段階をできるだけ小さくスモールステップですすめる。障害のある子どもはできない経験，失敗した経験を積んでいることが多く，見通しをもちにくいこともあり，新しい課題に消極的になりがちである。達成できる課題を十分におこなってから次の段階の課題に挑戦すること，適切な援助によって成功する経験が得られるようにすることが必要である。

　第2に，適切な援助をおこなう。手を添えてやる援助，やってみせる，具体物や絵などを見せる視覚的援助，ことばのヒントやわかりやすい説明などの言語的援助を段階的におこなう。

　第3に，適切な強化をおこなう。適切なタイミングでの強化は，情報的な意味ももち，その行動がまちがっていないという自己確認を可能にする。注意の持続が困難な子どもには，適宜の強化によって課題へ動機づけることが必要である。障害のある子どもは強化を受ける機会が少ないため，適切な行動をしていればふつうは当たり前としてしまいがちなものも見逃さずに強化する。シェイピングといって，はじめは大まかに目標の方向にあっていれば強化し，しだいに強化する行動を完全な達成に近いものにしていく方法もある。たとえば，

はじめは漢字の細部が不正確でもよしとし，次第に正確なものへと強化される目標を変化させる。

　第4に，学習が具体性や社会的な意味をもち生活と関連するようにおこなう。読み書きの学習が互いのコミュニケーションの手段として必然性のある状況でおこなわれまた生かされる，算数の学習が生活に題材をとりまた応用されるなどである。

　第5に，子どもが学習の主体となるよう，学習目標，場面や手順を構造化して何をどのようにすればよいか子どもにわかるように工夫する。

　次に子どもの特性に応じた学習指導方法について3点述べる。

　第1に，子どもの**認知処理様式**に応じた指導方略を使う。認知処理様式の特性は，WISC-Ⅲ，K-ABCなどの心理検査からとらえることができる。絵や文字などの視覚的な情報と言語的聴覚的な情報のどちらがより理解しやすいか，機械的な記憶力は強いか弱いか，段階的な・部分から全体へ・順序を重視した教え方と，全体を踏まえた・全体から部分へ・関連性を重視した教え方のどちらがわかりやすいかなどを検討し，できるだけ子どものもつ得意な方略を用いる。これを**長所活用型指導法**という。

　第2に，注意の持続時間の特性を考慮し，学習時間の設定，課題の組み合わせを工夫する。

　第3に，学習の導入には子どもの興味や関心を利用し，そこから広がりをもたせていく。

　最後に，学習に取り組むための技能について検討する。学習に取り組む技能を**スタディスキル**という。指示を理解し従う，学習場面のルールに従う，よい姿勢を保持する，机の上・もちものを整理整頓する，教材や教具のあつかい方，ノートのとり方，わからないときの対処のしかた，辞書の使い方などの学習である。主体的に学習をすすめるための基礎であり，内容の学習の前にこれらの技能の獲得を目標にした指導をおこなう。

[牟田]

参考文献
藤田和弘ほか編著『長所活用型指導で子どもが変わる』図書文化，1998
国分康孝・国分久子監修『教室で行う特別支援教育』図書文化，2003

問題58 重複障害児の特徴と指導について述べよ

　複数の障害を併せもっている場合に**重複障害**という。近年障害の多様化と重度化が進んでいるといわれる。

　聴覚障害や視覚障害と知的障害が重複している場合は，聴覚障害教育や視覚障害教育をそのまま適用できない。情報を取り込めるような多様な方法を工夫しなければならない。聴覚障害と知的障害が重複している場合には，手話を簡略化したマカトン法を利用したり，わかりやすい絵や記号などのサインやシンボルを利用する。視覚障害と知的障害が重複している場合で点字の学習が困難な場合は，触覚や聴覚を利用してその子どもにとってわかりやすく意味が伝わるように工夫する。

　重度の視覚障害と聴覚障害が重複している場合は盲聾二重障害という。情報を取り入れる経路が狭く，社会的にも孤立しがちであり，多くの支援が必要である。視覚障害教育が基本となり，点字，指文字を手で触って読む方法で情報の受信・発信がおこなえるよう指導する。

　重度の知的障害と重度の肢体不自由が重複している状態を**重症心身障害**という。ほとんど寝たきりで，情報の受信・発信が限られている状態である。周生期医学の進歩により低出生体重児の生存率が高まり，脳性麻痺症例の増加と重症化が進んでいるといわれている。脳性麻痺は，「受胎から新生児までの間に生じた脳の非進行性病変に基づく，永続的なしかし変化し得る運動及び姿勢の異常」であり，軽いものから重いものまで状態はさまざまである。重度の脳性麻痺で重度の知的障害を伴うと重症心身障害児となる。知的障害のほかにも視覚障害や聴覚障害を伴うこともある。また呼吸障害やてんかんなどの合併症を伴うこともあり，医療的なケアが欠かせない場合も多い。

　1979年に養護学校が義務化されて，これらの最重度の障害のある子どもにも学校教育が保障されるようになった。学校に通うことができない場合は，家庭や施設に養護学校の教師が訪問して指導をおこなう**訪問学級**のシステムもあ

る。人工呼吸器をつけた子どもや鼻腔から管によって栄養接取をしている子どものケアも，教師が学校で医師の指導をうけ，家族の了解のもとでおこなっている。関節の拘縮の予防や健康維持のためにマッサージや体操もおこなわれる。これらの子どもへの教育では，まずこうした基本的な健康の維持，日々の生活のリズムをつくることが必要である。彼らは刺激に対する反応が希薄であり，また表出する手段が限られているために，いかにして外界との情報のやりとりの経路をつくるかが指導する側には問われる。どのような刺激なら反応するのかを探り，動きや表情や生理的な反応などかすかな表出の変化を注意深く把握する。重力を感じる前庭感覚，触覚などの基本的な感覚，視覚，聴覚などの高次の感覚を刺激するさまざまな教材を工夫して反応を引き出す。また子どもの動きなどの反応と関連させて刺激するような工夫をする。そして，刺激を受け入れること，心地よいと感じる刺激に対して期待したり，再現を要求したりすること，自らの行為と刺激の変化の関係を感覚運動的に知ることといった発達を促す。

参加への制約は大きいようにみえるが，Y市において通常の小学校と廊下続きで設置されている養護学校では，通常の学級の子どもが重度の重複障害のある子どもたちのクラスの朝の会にきて出席をとるなどの手伝いをする，休み時間に共通のプレイルームでかかわり方を先生に教えてもらいながらいっしょに遊ぶという実践がおこなわれている。そのようなかかわりのなかで，大人の声には反応しない子どもが同年代の子どもの声によく反応する，子どもを目で追う，動きが活発になるという様子がみられ，また通常の小学校の子どもたちが喜んで手伝いや遊びに来る，クラスでいじめがなくなるなどの変化がみられている。インクルージョン教育の望ましい変化ではないかと思われる。　　　　[牟田]

参考文献　大久保哲夫・竹沢清・三島敏男編著『障害の重い子どもの教育実践ハンドブック』労働旬報社，1997
　　　　　西川公司責任編集『重複障害児の指導ハンドブック』全国心身障害児福祉財団，2001

問題 59　学習障害，ADHD の症状と指導について述べよ

　学習障害（Learning Disabilities，略してLD）は文部科学省によって次のように定義されている。
　「学習障害とは，基本的には全般的な知的発達に遅れはないが，聞く，話す，読む，書く，計算する又は推論する能力のうち特定のものの習得と使用に著しい困難を示す様々な状態を指すものである。学習障害は，その原因として，中枢神経系に何らかの機能障害があると推定されるが，視覚障害，聴覚障害，知的障害，情緒障害などの障害や，環境的な要因が直接の原因となるものではない。」
　知的発達に遅れがないのに国語，算数の学習面で何らかの特異的な困難があり，それが本人の努力不足や環境要因からだけでは説明できない場合に学習障害が疑われる。読めるが書けない，国語には問題がないが計算できないなどのアンバランスが特徴的である。学習障害は，高次の情報処理機能に遅れや偏りがあるため，通常の指導方法では読み書き等を学習することが困難という障害である。したがって，まず情報処理機能にどのような特徴があるのかを評価し，どのような指導方法が効果的なのかを理解することが必要である。情報処理機能の評価のために WISC-Ⅲ，K-ABC，ITPA といった心理検査も有用である。聴覚・視覚など情報の入力における特徴，言語・空間などの処理の内容における特徴，同時処理・継次処理など処理の方略における特徴，注意や記憶における特徴，処理のスピードにおける特徴などを評価する。たとえば，機械的な記憶力が弱いという特徴があると，九九の暗記のような学習方法は不適切である。機械的な記憶力の負担をなるべく減らし，意味的に学習するような方法を用いる。聞くよりも見る方がわかりやすいという特徴があれば，具体物や映像を用いた学習方法が適している。処理に時間がかかるという特徴があれば，課題をおこなう時間を増やしたり，課題の量を減らしたりする。
　学習障害があるのに適切に指導されないと，学習の困難から意欲をなくし，

学力全般が低下したり学校生活への適応を困難にしていく。早期に気づき，適切な学習方法を本人も理解し，持続的に学習に取り組めるように支援する。通常の学級のなかでは，学習障害のある子どもにわかりやすく指導することが学級全体にも適していることもある。目標や学習方法に個別的な配慮が必要な場合は，TT（**ティーム・ティーチング**），小グループ指導，通級による指導なども検討する。

　ADHD は注意欠陥多動性障害 (Attention-Deficit/Hyperactivity Disorder) という医学的診断名で，多動，衝動性，不注意で特徴づけられる。背景には中枢神経系の発達における未熟さや偏りが推測される。多動とは動きやおしゃべりを抑制できない状態，衝動性とは順番を待てないなど行動を抑えられない状態，不注意とは必要なときにそこへ注意を向けたり集中したり持続することができない状態をいう。多動，衝動性がなく不注意だけの場合もある。学校生活では集団への参加，学習活動への参加に支援が必要である。早期に気づいて，周囲の理解をすすめ，自己コントロールする力を徐々に育てるように指導する。そのためには，叱責よりはできたことやうまくいっていることをほめて，どうふるまえばよいのか学習できるようにする，達成できそうな行動の目標を決めてできるように支援することをおこなう。グループ編成や刺激の少ない学習環境などの配慮も必要である。また子どものもつよい面に目を向け，自尊心を保ち肯定的な自己意識がもてるようにすることも重要である。それができないと，過度の反抗や非行などの問題行動に発展することがある。

　学習障害，ADHD は高機能自閉症等とともに特別支援教育の新たな対象として，担任だけでなく学校全体で対応し，専門機関と連携しながら個別教育支援計画のもとに教育をすすめるシステムがつくられているところである。

[牟田]

参考文献
上野一彦・牟田悦子・小貫悟共編著『LD の教育』日本文化科学社，2001
上野一彦『LD（学習障害）と ADHD（注意欠陥多動性障害）』講談社，2003
上林靖子ほか『ADHD：治療援助法の確立を目指して』星和書店，2004
高橋あつ子編著『LD，ADHD などの子どもへの場面別サポートガイド：通常の学級の先生のための特別支援教育』ほんの森出版，2004

第8章 障害児の心理と教育

問題 60　情緒障害児（自閉症を含む）の特徴と指導について述べよ

　わが国の学校教育における「**情緒障害**」は特殊な事情から使われている用語である。**カナー**（Kanner, L.）が1943年に報告した新しい障害であった**自閉症**の学校教育の場を確保するために，昭和40年代に，固定制または通級制の特殊学級として情緒障害学級と名づけられた学級がつくられた。当時，自閉症は母子関係などに起因する情緒障害と理解されていた。現在は中枢神経系における広汎な障害をもつ発達障害とされており，情緒障害ではない。わが国の情緒障害教育は，本来の意味の心因性の情緒障害と自閉症を含んでいることになる。

　心因性の情緒障害には**選択性緘黙**，不安障害，**不登校**，習癖の異常，多動や攻撃，非行などが含まれる。もともと自閉症のためにつくられた情緒障害学級であり，自閉症とこれらをいっしょに指導するには無理がある。実際には不登校の子どものための情緒障害学級として運用されていたり，通級による指導で選択性緘黙，多動や攻撃性の強い子どもが受け入れられていたりする。不登校は必ずしも情緒障害ではないが，不安が強く元々の在籍の学校に行かれない子どもが安心してゆったりした日課ですごしながら，自分の意志で取り組んでいけるような指導体制がとられている。対人関係をつくることが苦手な場合は，少人数で人とのかかわりを学ぶ指導がおこなわれる。選択性緘黙とは言語能力はあり，家では話すが学校では話さないなど場面によって話さない場合をいう。緊張しやすく社会性が未熟なことが多い。話すことを無理強いせず，リラックスした関係のなかで非言語的なやりとりによるコミュニケーションを可能にしながら社会性を育てる指導をおこなう。多動や攻撃的な子どもについては，共感的にかかわりながら子どもの内面を理解し，のぞましい行動を獲得できるように指導する。通級による指導は在籍学級と連携しながらおこなわれる。

　自閉症は，対人的相互作用の障害，対人的意志伝達の障害，興味・活動の限定と反復的常同的な行動を特徴とする。人とかかわるときに身振りや表情などの非言語的行動が使えない，同年齢の仲間関係をつくることが困難，人との気

持ちの交流が困難など人への反応やかかわりが乏しく，社会的関係形成が困難である。話しことばの遅れがある，人と持続的な会話ができない，常同的反復的なことばや独特のことばを使うなどことばの発達に障害がみられる。強いこだわりがあり限定された興味だけに熱中する，特定の習慣や手順にこだわる，反復的な変わった行動をする，ものの一部に熱中するなど興味や関心が狭く特定のものにこだわる。また，感覚が過剰に敏感なことがあり，特定の音や肌触りなどに我慢できずにパニックになることもある。これらの特徴は3歳以前からみられる。知的障害を併せもっているものが約7割といわれる。知的障害のないものを**高機能自閉症**と呼ぶ。また，知的障害がなく，自閉症の特徴のうちことばの発達に遅れがない場合，アスペルガー症候群と呼ばれる。高機能自閉症のある子どもは通常の学級におり，機械的に暗記する学習は可能である。しかし理解されずに，その特異な行動や未熟な社会性から叱責されたり，からかいやいじめの対象になることが多い。そのために情緒的な問題をもつようになる場合も多く，その防止が必須である。

　自閉症の指導では，彼らにわかりやすい環境をつくり安心して課題に取り組めるようにすることが必要である。ことばでの指示より絵，サイン，文字など視覚的な指示の方がわかりやすい。状況を読んだり予測したりすることが困難なので，予定がきちんと示されていると安心できる。あいまいな状況はわかりにくいので，見えるかたちに具体化する。そのうえで，社会的な場面でどう振舞えばよいのか行動のパターンを直接教えて，社会的なスキルの獲得を促す。さらに得意なことが生かされて自信がもてるように配慮する。周囲の人たちは，情報の受け入れや相手の心の理解のしかたが障害のない人とは異なることを理解して対応しなければならない。共存する工夫が必要である。　　　　　　[牟田]

参考文献　国立特殊教育総合研究所編著『自閉症教育実践ガイドブック』ジアース教育新社，2004
　　　　内山登紀夫・水野薫・吉田友子編『高機能自閉症・アスペルガー症候群入門』中央法規出版，2002
　　　　相馬壽明『情緒障害児の治療と教育』田研出版，1995

索　引

ACT　41
ADHD　146
AQ　109
ATI　56,101
CAD　39
CAI　59
IQ　109
MMPI　89
MPI　89
PFスタディ　90
PM理論　68
S－R理論　39
TAT　90
WISC‐Ⅲ　145
YG性格検査　89

あ

愛着　32
アイデンティティ　29,35,95
アクション・リサーチ　13,76
アタッチメント　32
アンダーアチーバー　109
アンダーソン　41
異質集団　65
いじめ　92
一般知能　131
イド　83,85,128
因子分析　78
インターネット　59
インプリンティング　17
ヴィゴツキー　15,19,25,38,39
ウィリアムソン　118
ウェクスラー　96
ウシンスキー　9
内田クレペリン精神作業検査　90
ヴント　7
エビングハウス　48
エリクソン　28,35
エンカウンターグループ　118
横断的評価　107
置き換え　86,128
オースベル　47,51
オープンシステム　54
オープン・スクール　65
オペラント条件づけ　36,39
オールポート　77

か

開化史的段階説　23
外向的　78
ガイダンス　127
概念的知識　42
外発的動機づけ　43
カウンセリング　126
カウンセリング・マインド　72,115
拡散的思考　97
学習障害　145
学習の転移　48
獲得された無力感　46
仮説演繹的思考　27
仮説実験授業　54
学級集団　65,67,69,72,74,81
学級づくり　65
学級崩壊　66
学校カウンセリング　112
カナー　147
ガニエ　42
カルフ　130
感覚運動期　26
基層的欲求　87
逆行抑制　49
キャッテル　78,105
ギャング・エイジ　70,81
教育相談　125
教育的人間学　9
教育評価　99,102
共感の理解　113,115
強迫神経症　84
ギルフォード　97,105
均衡化　20
具体的操作期　26
クライエント中心療法　113, 128
グループ・ダイナミックス　74,76
クレッチマー　77
クロンバック　110
形式的操作期　26

149

形成的評価	99,103,106	肢体不自由	137
傾聴	72	質問紙法	89
ゲシュタルト心理学	7	社会測定的地位	75
ゲス・フー・テスト	74	社会的構成主義	38,40
ゲゼル	14,19	社会的性格	81
ケーラー	6	習熟度別指導	57
原因帰属	46	重症心身障害	143
言語障害	137	集団思考	69
現実原則	84	集団的指導法	126
高機能自閉症	148	縦断的評価	107
構成的グループ・エンカウンター	114,118	集団の凝集性	68
行動観察法	74	集団のモラール	68
行動主義	36,37	周辺児童	70
行動療法	37	シュテルン	15
校内暴力	93	シュプランガー	77
合理化	86,128	受容	115
効力感	46	循環反応	26
国際生活機能分類	131	準拠集団	65
個人的指導法	126	順向抑制	48
個人内評価	47,107	昇華	86
古典的条件づけ	36	状況的認知	38
個別化	58	成就値指数	109
個別教育支援計画	141	情緒障害	147
個別の指導計画	141	初期学習	17
コミュニティ心理学	128	初期経験	80
孤立児	70	事例研究法	13
ゴールトン	7	診断的評価	100,102
コンサルテーション	113,122	心的外傷	18
コンフリクト	85	心理教育アセスメント	113
		心理的離乳	34
さ		スキナー	37,39
サイモンズ	80	スキーマ	42
サーストン	104	スクールカウンセラー	112,122
サラマンカ声明	139	スタディスキル	142
散布度	108	スタンフォード・ビネー検査	96
シェフ	20	スタンレイ・ホール	7
シェマ	26	スピアマン	104
シェルドン	77	スピッツ	32
自我	83	スチューデント・アパシー	92,95
視覚障害	135	刷り込み	17
自我同一性	29,35,95	性格の特性論	78
試行錯誤学習	37	性格の類型論	77
自己実現	88,124	正規分布	108
自己実現欲求	124	成熟説	14
自己存在感	123	精神遅滞	131
自己中心性	27	精神分析学	83
指示的カウンセリング	118	精神分析療法	128
思春期	71	成長欲求	88

正統的周辺参加　38
生徒指導　124
生徒理解　72
正の転移　48
積極的傾聴　120
絶対評価　106
セリグマン　46
前意識　83
先行オーガナイザー　52
前操作期　26
選択緘黙　147
総括的　100
総括的評価　103
相互作用説　15
操作　26
創造性　97
相対評価　106
測定の信頼性　110
測定の妥当性　111
ソシオグラム　75
ソシオメトリー　74
ソシオメトリック・テスト　74
ソーンダイク　12,37

た

第一反抗期　34
退行　86
第二反抗期　34
代表値　108
多因子説　104
達成動機　44,46,53
脱中心化　27
ターマン　96
知的好奇心　44,53
知的障害　135
知能　96
知能検査　104
知能の構造モデル　97
注意欠陥多動性障害　146
聴覚障害　136
超自我　84,128
長所活用型指導法　142
調節　20,26
重複障害　143
通級指導教室　133
ティーム・ティーチング　63,146
適性処遇交互作用　56,101
ツィラー　23

鼎立理論　97
適応機制　85
手続き的知識　42
同一化　86
動因低減説　43
投影　86
投影法　90
同化　20,26
道具的条件づけ　36
等質集団　65
投射　86
到達度評価　47,106
逃避　86,128
特殊学級　133
特別支援学校　133
特別支援教育　140
特別支援教室　133,140
特別なニーズ教育　139
ド・シャーム　46
トップダウンの教室　134

な

内向的　78
内的照合性　116
内発的動機づけ　44
2因子説　104
人間学的心理学　87
認知処理様式　142
認知心理学　40
ノーマライゼーション　138

は

ハヴィガースト　30
箱庭療法　130
パーソナリティ　77,87
発見学習　53
発達課題　30
発達障害　136
発達の最近接領域　19,21,22
ハーツホーン　75
場の理論　75
パブロフ　36
バーライン　45
ハル　43
反社会的行動　92
バンデューラ　82
反動形成　86
ピアサポート　114

151

ピアジェ　7,15,20,25
ひきこもり　92,95
ピグマリオン効果　49
非行　92
非社会的行動　92
ビネー　7,104
病弱・身体虚弱　137
標準偏差　108
敏感期　18
ファンツ　44
輻輳説　15
不登校　92,94,147
負の転移　48
プライヤー　7
ブリーフ・カウンセリング　119
ブリーフ・セラピー　119
ブルーナー　8,19,22
ブルーム　106
フロイト　7,18,23,28,83,128
プログラム学習　26,39,50
フロム　81
ブロンスキー　23
文化的－歴史的発達理論　15,21,24
ヘルバルト　9
偏差値　108
防衛機制　128
忘却曲線　48
訪問学級　143
暴力行為　92
ボウルビィ　33
補償　86
ホスピタリズム　18,32,80
保存概念　26
ボトムアップの教室　134

ま

マズロー　87,124
マターナル・デプリヴェーション　32,80
マトリックス　75
マルチメディア　61
三隅二不二　68
ミソネタ多面人格目録　89

無意識　83,128
メタ認知　49
面接法　89
モイマン　7
盲学校　133
モーズレイ人格目録　89
モレノ　74

や

矢田部・ギルフォード性格検査　89
有意味受容学習　51
遊戯療法　130
有能感　46
ユング　77
養護学校　133
抑圧　85
欲求の階層構造論　87
欲求不満‐攻撃仮説　92
欲求不満耐性　92

ら

螺旋型カリキュラム　22
ラポール　89
リーダーシップ　67,70
リビドー　23,78,83
臨界期　18
臨床的方法　13
レヴィン　7,74,81,85
レスポンデント条件づけ　36
レディネス　18
連合理論　36
聾学校　133
ローウェンフェルト　130
ロジャーズ　87,113,115
ローゼンタール　49
ローゼンツワイク　91
ロールシャッハ　90
ローレンツ　17

わ

ワイナー　47
ワトソン　14,37

[編者紹介]

柴田　義松（しばた　よしまつ）

1930年生まれ
東京大学名誉教授
〈主著書〉
『ヴィゴツキー入門』子どもの未来社
『教育課程：カリキュラム入門』有斐閣
『21世紀を拓く教授学』明治図書
ヴィゴツキー『思考と言語』(訳) 新読書社，ほか

宮坂　琇子（みやさか　ゆうこ）

1942年生まれ
東海大学教授
〈主著書〉
『教育実践のための心理学』学術図書出版
ザンコフ『教授と発達：実践教育学的研究』(訳) ナウカ，ほか

教育学のポイント・シリーズ
教育心理学

2005年4月5日　第1版第1刷発行
2013年4月15日　第1版第4刷発行

編者　柴田　義松
　　　宮坂　琇子

発行者　田中　千津子
発行所　株式会社　学文社

〒153-0064　東京都目黒区下目黒3-6-1
電話　03 (3715) 1501 代
FAX 03 (3715) 2012
http://www.gakubunsha.com

印刷　新灯印刷

ⓒ Y. Shibata/Y. Miyasaka 2005
乱丁・落丁の場合は本社でお取替えします。
定価は売上カード，カバーに表示。

ISBN978-4-7620-1399-7

柴田義松編著 **教育学を学ぶ** A5判 160頁 定価 1785円	教員養成のあり方が問われ、「教育学」の内容についてもきびしい反省が求められている。教師がもつべき豊かな教養の核となる教育学とはどのような学問であるかについて、教育の原点に立ち返り探究。 0944-X C3037
柴田義松・斉藤利彦編著 **近現代教育史** A5判 192頁 定価 1890円	20世紀の現代教育史に重点をおき、近代以前の教育・教育史についても、現代教育との関連をはかりながら叙述。また、諸外国の教育改革についても日本の教育改革との比較・関連づけを密に展望する。 0945-8 C3037
柴田義松編著 **教育課程論** A5判 188頁 定価 1890円	学校は子どもに何を教え、何を学ばせたらよいか。子どもの必要と社会的必要にもとづき吟味し評価。教育課程の意義と歴史、教育課程編成の原理と方法と2部立て。教育課程編成の社会的基礎、ほか。 1032-4 C3037
柴田義松編著 **教育の方法と技術** A5判 157頁 定価 1785円	教職への入門書として、教師がもつべき専門的教養の中核となる教育の方法と技術とは。学力と教育評価、授業改造と情報機器ほか、子どもに正しい効果的な学び方を指導し、みずから学ぶ力をつけさせる。 1031-6 C3037
柴田義松・山﨑準二編著 **教職入門** A5判 184頁 定価 1890円	学校教員のライフコース全体を見渡し、日常活動、法制の基礎認識に加え、学校内外活動にもふれた。現職教員の参加も得て執筆された活きた教職入門書。「教職の意義等に関する科目」の授業用に最適。 1191-6 C3037
柴田義松編著 **道徳の指導** A5判 184頁 定価 1890円	指導の大変むずかしい道徳の授業。その道徳教育の基本問題を教育史、教育哲学、教育心理学等各研究成果をもとに多角的に考察。また、授業現場を収録、実践の課題と向き合いその指導法を探求する。 1127-4 C3037
柴田義松・木内剛編著 **教育実習ハンドブック** A5判 144頁 定価 1470円	教育実習に関して理念から方法論、また事後学習から近年の学校運営までを包括的にまとめたハンドブック。教育実習事前対策に欠かせない一冊。関連法規、漢字・言葉チェック資料付。 1300-5 C3037
柴田義松・宮坂琇子・森岡修一編著 **教職基本用語辞典** 四六判 320頁 定価 2625円	教員免許取得のために大学で学ぶ教職課程の諸科目である教育学、教育心理学、教育史等の基本用語を各分野別に配列し、解説。採用試験に役立つ基本用語を精選したコンパクトな一冊。 1301-3 C3037